西南林业大学"云南省教育厅法律硕士学科建设引导资金"等资助

人类世、森林转型与生态法教义学

RENLEISHI
SENLIN ZHUANXING YU SHENGTAI FA
JIAOYI XUE

谢嗣强 著

法律出版社
LAW PRESS·CHINA
北京

图书在版编目(CIP)数据

人类世、森林转型与生态法教义学 / 谢嗣强著. --
北京 : 法律出版社, 2023
ISBN 978 - 7 - 5197 - 8241 - 2

Ⅰ. ①人… Ⅱ. ①谢… Ⅲ. ①生态环境－环境保护法－影响－林业经济－转型经济－研究－中国 Ⅳ. ①D922.684②F326.22

中国国家版本馆 CIP 数据核字(2023)第 157823 号

人类世、森林转型与生态法教义学
RENLEISHI、SENLIN ZHUANXING YU SHENGTAIFA JIAOYIXUE

谢嗣强 著

责任编辑 许 睿
装帧设计 李 瞻

出版发行 法律出版社
编辑统筹 司法实务出版分社
责任校对 朱轶佳
责任印制 胡晓雅
经 销 新华书店

开本 710 毫米×1000 毫米 1/16
印张 11.5 字数 182 千
版本 2023 年 8 月第 1 版
印次 2023 年 8 月第 1 次印刷
印刷 北京虎彩文化传播有限公司

地址:北京市丰台区莲花池西里 7 号(100073)
网址:www.lawpress.com.cn
投稿邮箱:info@lawpress.com.cn
举报盗版邮箱:jbwq@lawpress.com.cn

销售电话:010 - 83938349
客服电话:010 - 83938350
咨询电话:010 - 63939796

书号:ISBN 978 - 7 - 5197 - 8241 - 2
定价:58.00 元
凡购买本社图书,如有印装错误,我社负责退换。电话:010 - 83938349

目　录

第一章　生态法教义学概论*

生态法需要一个更真切的、具有时空穿透力的载体，以作为确定自身研究范围、对象之基础。比较而言，森林转型较“全球绿化”更早出现并较早得到学术上的承认。森林转型的内容不仅在当代应对气候变化、危机等上被进一步丰富，而且其发生与“人类世”之工业革命兴起说可以做到相互印证。相互印证关系也体现在森林转型的发生与人类第一部森林法典诞生的同步上。以“法典”为名，不能不说生态法在起源时即承载了人们对其高度的期许，且其本身及其内容的演化，包含、展现了现代法治内在的紧张关系。生态法教义学，一方面，要合理处理好其与政策的关系；另一方面，其“权利—责任”机制有助于其体系化。这一法律机制，具体包括责任锁定和责任移转两种模式，而其中的权利，则处于一个特殊位置。

第一节　森林转型——生态法的原动力

森林生长缓慢，森林生物量和土壤中碳密度的变化往往无法被发现，[1]

---

* 本章研究获得西南林业大学社科办科研预研基金资助，项目名称：生态法基础理论研究（110922010）。

〔1〕 See Kauppi P. E., et al., *Carbon Benefits from Forest Transitions Promoting Biomass Expansions and Thickening*, Global Change Biology, Vol. 26: 10, p. 5365－5370 (2020).

依赖于二维地面覆盖变化的遥感测量技术可能会错过森林生物量密度的变化。[1] 土地利用管理随着时间的推移而改善，为减缓气候变化提供了重要的当前贡献和未来潜力。2020 年，我国科学家在国际权威期刊发表文章，通过对全球范围内相关研究的翔实综述、系统梳理[2]后认为“20 世纪 80 年代以来广泛的植被绿化是人类世生物圈变化最显著的特征之一”；认为“在密集种植的农业以及植树造林地区（如中国），受人为因素影响的绿化效果更为明显；在全球尺度上，二氧化碳施肥效应是植被变绿的主要驱动因子”。论者同时指出，作为生态反馈机制，建模表明“（全球）绿化可以通过增加陆地碳汇和改变生物地球物理过程（主要是蒸发冷却）来减缓全球变暖”。

笔者无力直接进行自然科学研究。在与法学同为社会科学的经济学里，笔者有幸接触到一国现代化过程中所谓之“森林转型”现象及其相关研究，故一时惊异于“全球绿化”这一新趋势的同时促使笔者产生以下问题：一是一种很“幼稚”的想法，既然大自然面对气候变暖有其自身生态反馈机制——体现为全球绿化，那么，在遏制气候变化上我们是否就可以“躺赢”？二是在研究对象即“事物”的区隔上，“全球绿化”与“森林转型”是什么关系，是（实质）相同而在事物自身发展过程中之表现差异，还是它们本身就是两个不同现象？三是如果森林转型不仅历史更长，经济、社会和历史的原因更复杂，那么其是否才是真正的“人类世”的一个基本特征？如果是，当我们把法律理解为一种“活法”的时候，森林转型是否可以成为“生态环境法”的源头活水？如果我们断定的确如此，那么生态法的面目、机理是否就此能被清晰地认知与建构——进而我们才能够在“人类世”负责任地生活并繁衍下去。本书试图在不同学科间穿梭，结合相关政策实践“活在当下”

---

[1] 2021 年，按法定职责国家林草局组织开展了年度林草生态综合监测评价工作。以国土“三调”为基础，全国共投入 1.7 万人，监测 45.7 万个样地、4.7 亿个图斑，统计分析数据 600 亿组，建立各类模型 1297 套。本次综合监测维持森林覆盖率和森林蓄积量实现“双增长”趋势。与此前的数据相比较，其中森林蓄积量取得较上年度近 20 亿立方米的惊人增长。差幅巨大的结果表明，以前进行的森林资源清查“错过了森林生物量密度的变化”。

[2] See Piao S., et al., *Characteristics, Drivers and Feedbacks of Global Greening*, Nature Reviews Earth & Environment, Vol. 1: 1, p. 14 – 27 (2020).

并循着上述之问题线索探幽索隐，从而在其他学科的园地旁为生态法开辟出（可能是简陋的）栖身之所——而不希图搭建起（华丽的）空中楼阁。

一、森林转型：从 forest transition（s）到 land use transition

事实上，国家层面上的“森林转型”的发生和得到确认，均早于作为气候变暖生态反馈机制之“全球绿化”之出现。经历第一次工业革命，瑞士、法国等在19世纪初时的森林面积就已经开始增长了〔1〕——（且此后）没有出现（过）逆转并稳定到当代。据此，马瑟（Mather）在1992年时将一国历史上所经历的边际耕地退出、“森林（覆盖面积）从缩小到扩大的转变”现象，称为森林转型。〔2〕以马瑟的研究为基础，目前“forest fransition”有作为复数概念“forest transitions”使用的趋势，即除包含同步贡献于全球绿色植被覆盖扩大——侧重森林的景观属性——这一意涵外，森林转型还被应用于描述森林生物量密度的增加〔3〕、描述为保护野生动物及其栖息地致森林面积扩大〔4〕等。以马瑟的研究为基础，尚有学者进一步指出：大气中碳排放迅速增加、全球气候变暖作为受到关注的生态环境问题出现在20世纪中期后；（故而）一些发达国家（developed country）“早期的森林转型”与“人为的气候变化”之间，应该不存在前述意义上的、延后才会出现的、作为自然及物理过程的生态反馈关系。〔5〕

森林面积的扩大，不一定是碳排放增加、全球气候变暖的结果。但是，森林在遏制气候变化的作用方面却是得到公认而毋庸置疑的。2021年11月，

---

〔1〕 See Mather A. S. & Needle C. L., *The Forest Transition: A Theoretical Basis*, Area, Vol. 30: 2, p. 117-224 (1998).

〔2〕 See Mather A. S., *The Forest Transition*, Area, Vol. 24: 4, p. 367-379 (1992).

〔3〕 See Le Noë J., et al., *Modeling and Empirical Validation of Long-Term Carbon Sequestration in Forests (France, 1850-2015)*, Global Change Biology, Vol. 26: 4, p. 2421-2434 (2020).

〔4〕 2010~2015年，卢旺达的“（国家）公园和保护区周边稀树草原成为森林净增长的主要来源”；另“PLUS模型模拟表明，按照当前社会经济状况发展，卢旺达森林转型会继续保持”。参见李天润、陈爽：《1990年以来卢旺达森林转型路径及趋势模拟》，载《资源科学》2022年第3期。

〔5〕 See Kauppi P. E., et al., *Forest Resources of Nations in Relation to Human Well-being*, PLoS One, Vol. 13: 5, p. e0196248 (2018).

在第26届联合国气候变化大会（COP26峰会）上，巴西、哥伦比亚、印度尼西亚和刚果民主共和国4个热带地区国家与110个国家共同签署了《关于森林和土地利用的格拉斯哥领导人宣言》（以下简称《格拉斯哥宣言》）。《格拉斯哥宣言》强调："我们敦促所有领导人联合起来，实现可持续的土地利用转型。这对实现《巴黎协定》的目标至关重要。这些目标包括降低受气候变化影响的脆弱性，将全球平均气温增幅控制在2摄氏度以下，并努力将其限制在1.5摄氏度以内……共同努力，我们就能成功应对气候变化，实现韧性和包容性的增长，制止和扭转森林损失和土地退化。"[1]不过还是需要指出，遏制气候变暖，"森林转型期内特定地区森林生物量增加的意义超过了森林面积扩大带来的生态效益"。[2] 同时，在方法学上还要提倡"合适的树种在合适的地方"（The Right Tree for the Right Place）和"合适的地方种合适的树"（The Right Place for the Right Tree）。[3] 另外，我们注意到，术语选择上《格拉斯哥宣言》没有使用forest transition而使用了land use transition（土地利用转型）。但正如我国研究土地利用转型的学者所承认的："土地利用转型研究最早可追溯到20世纪80～90年代英国学者开展的森林转型研究"，[4] "英国利兹大学的格兰杰（GRAINGER）博士于1995年正式提出土地利用形态和土地利用转型的概念"。[5]

本书认为：一方面，虽然大规模的"退耕还林"不可能再重现，但生态

[1] *Glasgow Leaders' Declaration on Forests and Land Use*, ukcop 26 (2 November 2021), https://ukcop26.org/glasgow-leaders-declaration-on-forests-and-land-use.

[2] 从森林生物量最大化的角度出发，延长私有林木采伐时间间隔并限制公有林的砍伐，可以产出更大的碳累计量。造林的碳积累量仅为前者的1/10，比再造林效果还差。同时，造林还会加剧林业用地与农业、城市发展用地的使用竞争。See Law B. E., et al., *Land Use Strategies to Mitigate Climate Change in Carbon Dense Temperate Forests*, Proceedings of the National Academy of Sciences, Vol. 115: 14, p. 3663-3668 (2018).

[3] See Bateman I. J., et al., *A Review of Planting Principles to Identify the Right Place for the Right Tree for "net zero plus" Woodlands: Applying a Place-Based Natural Capital Framework for Sustainable, Efficient and Equitable (SEE) Decisions*, People and Nature, 2022. https://doi.org/10.1002/pan3.10331.

[4] 龙花楼：《土地利用转型的解释》，载《中国土地科学》2022年第4期。

[5] Grainger A, *National Land Use Morphology: Patterns and Possibilities*, Geography, Vol. 80: 3, p. 235-245 (1995).

退耕仍会有存在的空间；另一方面，则是因为“森林变化与其他地类有着密切的关系”——下文将分析趋严厉化的耕地用途管制对我国森林转型之影响。诚如前述，森林转型是一个有潜力的学术概念，可以指涉森林的空间布局合理化，以及森林覆盖率、森林生物量、野生动物栖息地等的稳定或它们的持续增加。因此，本书仍采森林转型这一术语。

二、森林转型：驱动因素与人类福祉

几乎与改革开放和经济市场化同步，我国森林转型最早发生于20世纪80年代，[1] 最迟不晚于20世纪90年代[2]。1990～2015年，中国森林面积从1.57亿公顷增加到2.08亿公顷（扩张速度为32%），林木生物量从85亿吨碳增加到128亿吨碳（扩张速度为51%）；在中国，“国家植树计划、人口向城市迁移、农业集约化以及相关产业向进口开放等一系列因素”，促使森林向边际土地扩张。[3] 受制于驱动的主导因素及其机制，[4] 处于不同发展水平、阶段的特定国家或地区，会经历森林转型的发生，森林转型的主导路径转换、格局提升等过程，故各国社会、经济、环境状况差异，会致森林转型的模式、过程各不相同——（各国森林转型）具有特殊性、偶发性、非线性。[5]

广义上的森林转型也是全球绿化的一部分，同受二氧化碳施肥效应的影响。相较于全球绿化研究，森林转型更注重揭示森林转型的政策、经济、社会等因素。经济学家通过业已揭示的这些驱动因素，试图验证、预测发展中

---

〔1〕 根据方精云等文章中的数据和联合国粮农组织（FAO）的有关农业和林业统计资料，马瑟认为中国的森林转型发生在1980年前后。See Fang J. Y., et al., *Changes in Forest Biomass Carbon Storage in China between* 1949 *and* 1998, Science, Vol. 292, p. 2320－2322 (2001).

〔2〕 在20世纪90年代，我国森林面积增加与耕地面积减少出现交叉。参见李秀彬、赵宇鸾：《森林转型、农地边际化与生态恢复》，载《中国人口·资源与环境》2011年第10期。

〔3〕 See *Global Forest Resources Assessment* 2015: *Country Reports. China*, FAO, http://www.fao.org/3/a－az186e.pdf.

〔4〕 根据驱动因素不同，森林转型的路径可以分为森林稀缺路径、经济发展路径、小农农业集约化路径、全球化路径和国家森林政策路径五种。参见梁文远等：《森林转型问题研究综述》，载《林业经济》2017年第8期。

〔5〕 参见卢龙辉等：《“森林转型”研究进展与展望》，载《北京大学学报（自然科学版）》2020年第2期。

国家（The Developing Countries）在融入现代化过程中是否也会大概率地走上森林转型之路。[1] 正如国外有学者所揭示的，“森林生长存量与联合国人类发展指数间”具有相关性。一方面，随着人类福祉的进步，各国的森林资源得到了改善；另一方面，人类发展可以转化为森林生态系统的福祉——促进碳固存和全球生物多样性保护。该学者进而指出：政策分析应发生转变，即“必须从侧重于碳捕获、生物多样性保护或林场管理的个别项目，扩大到对人类和森林的福祉协调的跨学科分析”[2]。在前述《格拉斯哥宣言》中体现为，“人类和森林福祉协调”不只要求“到2030年制止和扭转森林损失和土地退化”，而且要在此过程中“实现可持续发展”、促进“包容性农村转型”和“有韧性的经济转型”。[3] 总之，“社会—经济—环境”下“人和森林福祉协调”，将令各国森林转型“并发性”增强、各国转型之稳定性提高；加上当下遏制气候变化的客观形势、全球绿化提供的“有利条件”，我们可对“全球森林普遍转型”持一种谨慎乐观的期待。

三、人类世、森林转型与气候变暖、生态法

（一）森林转型是人类世的一个基本特征

“人类世这个概念将地球变化问题都联系到一起来。”关于人类世的开始时间，“早期人类世兴起说”的关键理由之一是“考古数据发现，工业革命以前的森林砍伐面积比工业革命后要大，因为早期的农民人均使用的土地比工

---

[1] 卢旺达是中非和西非国家中实现森林覆盖率发生趋势重大逆转的3个国家之一，其2020年森林资源评估报告显示，从2010年开始森林面积开始呈现净增长趋势。See *Évaluation des ressources forestières mondiales* 2020 *Étude de bureau. Rwanda*, FAO, https://www.fao.org/3/ca9878fr/ca9878fr.pdf.

[2] See Kauppi P. E., et al., *Forest Resources of Nations in Relation to Human Well-being*, PLoS One, Vol. 13: 5, p. e0196248 (2018).

[3] “加快向促进森林、可持续土地利用、生物多样性和气候目标的，有韧性的经济转型。”See *Glasgow Leaders' Declaration on Forests and Land Use*, Cop 26 (2 November 2021), https://ukcop26.org/glasgow-leaders-declaration-on-forests-and-land-use.

业革命前要多”。[1] 然而，我们基于同一论据，持“工业革命兴起说”的立场也可进一步认为：“森林转型”是我们这个星球在工业革命时代步入“人类世”而在国家层面实践并由各国验证的、具有相对稳定性的现象——换言之，森林转型是人类世的一个基本特征。

即使二氧化碳施肥效应有其客观作用，但从历史、现实乃至比较的视角来看，森林转型主要受森林管理政策、城市化、农业集约化等人类之社会的经济因素所驱动。[2] 而且，森林转型系一个早于全球气候变暖的、在不同发展阶段的国家接续发生的、在具体国家发展中持续深化与维持的，并在第一次工业革命时就开始出现的现象。森林转型的发生，与人类世的开始时间一致。现在，我们不能确定人类世的未来。即使弗兰克·芬纳（Frank Fenner）[3] 所言“人类可能在100年内灭绝，人类世将终结”[4] 是危言耸听抑或良言苦心，其未道明的“人们想做但拖延的一些事情”中，一定包含对全球普遍性森林转型的期待。

（二）与气候变化的关系：微观机制上森林转型也是一个自变量

最新科学研究显示：“对流层臭氧（O_3）污染对植物生产力、作物产量不利；在对流层臭氧（O_3）浓度较高的地区，二氧化碳施肥效应会被对流层

---

[1] 这是在人类世的开始年份上持“早期人类世兴起说”的威廉·鲁迪曼（William Ruddiman）等人的重要论据。本书采工业革命兴起说，认为森林转型是人类世的一个重要特征。See Ruddiman W. F., *The Anthropogenic Greenhouse Era Began Thousands of Years Ago*, Climate Change, Vol. 61, p. 261－93 (2003).

[2] 党的十八大以来，美丽中国建设迈出重大步伐，生态文明建设成效显著。森林覆盖率和森林蓄积量连续30年保持“双增长”。对于这些成就（尤其是对比于其他一些国家），恐怕无人会说：“这些成就不过就是全球气候变暖之生态反馈机制，即二氧化碳施肥效应所贡献的罢了。”

[3] 弗兰克·芬纳（Frank Fenner）是澳大利亚国立大学微生物学教授，为人类消灭天花病毒做出了重要贡献；芬纳另一大成就是使用粘液瘤病毒控制澳大利亚野兔泛滥问题。

[4] See Firth N., *Human Race will be Extinct within* 100 *Years Claims Leading Scientist*, Daily Mail, p. 8 (2010).

臭氧（O_3）的负面影响所抵消"[1]；"除蒸发冷却作用外，森林是否能减缓气候变暖还与森林的反照率效应相关"[2]——只有合适的地方种植合适的树木，才能起到减缓全球变暖的作用。现在，决策者们应有的明智选择是"无论是碳达峰还是碳中和，其实质都是要求减少人类经济活动中的二氧化碳排放"[3]；同时，一个稳定健康、优质高效的森林生态系统，有助于增强人类对气候变化、气候危机的适应性。

故而，无论宏观（包括时序上）还是微观机制上，我们都可以认为：与气候变化的关系间，森林转型总体上具有相对独立性，是一个自变量而非因变量。

（三）森林转型与生态法

作为自变量，当前已处于森林转型之中的许多国家或地区，在其森林在进入（过）成熟林之前，在特定的保护目标和森林管理模式下还有几十年的碳吸收时间。然而，这同时意味着，在同一时间轴上正在经历森林转型的自然生态系统也会逐步趋向森林生物量饱和（Saturation of Forest Biomass）——"森林碳储量在特定管理制度下接近稳定状态时，无论森林是否收获，碳的总吸收量将等于通过呼吸、收获和死亡率的总清除量"[4]。

森林生物量饱和潜藏的好消息是，森林之物质产品供给功能扩大，将增强人类应对气候危机的适应性；但其隐忧是，到21世纪中期，目前处于森林转型的全球大部分森林届时或许将不再能供给增量碳汇以弥补人为之碳排放。"世上没有免费的午餐。"即便时下大举兴起之新能源开发，其基础材料、原件和组件在生产过程中，也不可避免地会产生新的碳排放。因此，我们的星

〔1〕 See Leung F., et al., *CO_2 Fertilization of Crops Offsets Yield Losses due to Future Surface Ozone Damage and Climate Change*, Environmental Research Letters, Vol. 17: 7, p. 074007 (2022).

〔2〕 See Williams C. A. et al., *Climate Impacts of US Forest Loss Span Net Warming to Net Cooling*, Science Advances, Vol. 7: 7, p. eaax8859 (2021).

〔3〕 钟茂初：《探寻碳达峰碳中和实现路径》，载《中国社会科学报》2022年4月6日，第3版。

〔4〕 Nabuurs G. J., et al., *First Signs of Carbon sink Saturation in European Forest Biomass*, Nature Climate Change, Vol. 3: 9. p. 792 - 796 (2013).

球要最终实现碳零排放甚或碳负排放，时序上额外的森林固碳不仅必要，而且关键。受毁林砍伐、放牧耕种或其他用途的威胁，全球三大热带雨林地区——南美洲的亚马逊、非洲的刚果和东南亚热带雨林，目前还未发生森林转型。[1] 在本书看来，不知是人类的不幸还是多少有些侥幸，若上述热带地区从现在开始扭转森林减少、退化趋势——因而也会滞后其他地区达到森林生物量饱和，凭借热带雨林更为稳定的碳汇能力，它们将在此过程中为人类在碳中和基础上，于21世纪末或22世纪初稳定和恢复地球温度发挥关键而独特的、决定性的作用。[2]

作为COP26峰会的重要成果，全球“到2030年制止和扭转森林损失和土地退化”意义重大且情势迫切。综上，笔者认为，生态法调整（控）的是可持续的森林转型所需条件及其所形成的人类与自然关系，它以促成森林转型为基本目标，以人类世之人与自然福祉协调实现为根本任务。

四、不同关系域下我国森林转型的路径

研究森林转型，必须注意目前政策之新动向。2020年9月10日，国务院办公厅发布《关于坚决制止耕地“非农化”行为的通知》，要求各级人民政府落实好最严格的耕地保护制度，守住耕地红线，坚决制止各类耕地“非农化”行为。“严禁违规占用耕地绿化造林”，对违规占用耕地及永久基本农田造林的，“不予核实造林面积，不享受财政资金补助政策”，“退耕还林还草要严格控制在国家批准的规模和范围内”。[3] 2020年11月4日国务院办公厅印发的《关于防止耕地“非粮化”稳定粮食生产的意见》中强调“严禁违规占

---

〔1〕 See Mather A. S. , *Recent Asian Forest Transitions in Relation to Forest Transition Theory*, International Forestry Review, Vol. 9: 1. p. 491 - 502 (2007); Song XP. , et al, *Global land change from* 1982 *to* 2016, Nature, Vol. 560: 7720, p. 639 - 643 (2018).

〔2〕 这种认知从气候实践来看绝非倒果为因，相关方采取行动保护热带雨林不仅具有当前价值，而且具有长远意义——届时，全球多数地区森林将出现森林生物量饱和，热带雨林创造的森林碳汇反而更具有稀缺性，其市场价格将走高。

〔3〕 同年，自然资源部在回复全国人大代表建议时明确指出：“自然退耕形成的林地按照有关政策不属于国家退耕还林还草范围。”参见《对十三届全国人大三次会议第8001号建议的答复》，载中国政府网2020年9月3日，http://gi.mnr.gov.cn/202010/t20201010_2563741.html。

用永久基本农田种树挖塘”“推动制订和完善相关法律法规，明确对占用永久基本农田从事林果业、挖塘养鱼等的处罚措施”。2021 年 4 月 21 日通过并于同年 9 月 1 日起施行的《中华人民共和国土地管理法实施条例》（以下简称《土地管理法实施条例》）第 12 条第 1 款规定：“国家对耕地实行特殊保护，严守耕地保护红线，严格控制耕地转为林地、草地、园地等其他农用地，并建立耕地保护补偿制度，具体办法和耕地保护补偿实施步骤由国务院自然资源主管部门会同有关部门规定。”2021 年 11 月 27 日自然资源部、农业农村部、国家林业和草原局《关于严格耕地用途管制有关问题的通知》规定，对永久基本农田“转为林地、草地、园地等其他农用地及农业设施建设用地”予以刚性禁止；一般耕地转为林地、草地、园地等其他农用地及农业设施建设用地的（应当优先使用难以长期稳定利用的耕地），实行年度耕地与前述用地间的“进出平衡”制度——补足同等数量、质量的可以长期稳定利用的耕地。[1]

（一）我国森林面积扩大指向的改变

强化耕地用途管制、生态退耕受到控制，意味着边际耕地将不再是森林面积扩大的主要方向，改革开放 40 多年以来，与耕地关系上的含国家政策鼓

[1] “进出平衡”制度即“耕地转为林地、草地、园地等其他农用地及农业设施建设用地的，应当通过统筹林地、草地、园地等其他农用地及农业设施建设用地整治为耕地等方式，补足同等数量、质量的可以长期稳定利用的耕地”。一般耕地的管控规则如下：除“在不破坏耕地耕作层且不造成耕地地类改变的前提下，可以适度种植其他农作物（‘用于粮食和棉、油、糖、蔬菜等农产品及饲草饲料生产’之外的其他农作物）”外，不得在一般耕地上挖湖造景、种植草皮；不得违规超标准在铁路、公路等用地红线外，以及河渠两侧、水库周边占用一般耕地种树建设绿化带；确需在耕地上建设农田防护林的，应当符合农田防护林建设相关标准（建成后，达到国土调查分类标准并变更为林地的，应当从耕地面积中扣除）；未经批准工商企业等社会资本不得将通过流转获得土地经营权的一般耕地转为林地、园地等其他农用地；严格控制新增农村道路、畜禽养殖设施、水产养殖设施和破坏耕作层的种植业设施等农业设施建设用地使用一般耕地（确需使用的，应经批准并符合相关标准）；不得在国家批准的生态退耕规划和计划外擅自扩大退耕还林还草还湿还湖规模（经批准实施的，应当在“三调”底图和年度国土变更调查结果上，明确实施位置，带位置下达退耕任务）；未经批准不得占用一般耕地实施国土绿化（经批准实施的，应当在“三调”底图和年度国土变更调查结果上明确实施位置）。

励的“森林稀缺转型路径”的主导地位面临转换和调整。这种调整，尽管逆转森林转型不太可能发生，但森林扩张速度必然会受到影响，内容也会发生改变。根据2021年8月国家林业和草原局、国家发展和改革委员会联合印发的《“十四五”林业草原保护发展规划纲要》，作为控制性指标，到“十四五”末我国森林覆盖率要从23.04%达到24.1%；森林蓄积量要从175.6亿立方米达到180亿立方米。然而，仅仅一年之后，“截至2021年，全国森林覆盖率达到24.02%，森林蓄积量达到194.93亿立方米”。〔1〕换言之，森林蓄积量的目标已经提前4年超额实现，而达到“十四五”末森林覆盖率24.1%的目标，接下来几年仅需要每年增长0.02个百分点，大幅低于2019年有关部门预计的每年0.23%的增速。〔2〕

但是，在2022年9月全国绿化委员会编制印发的《全国国土绿化规划纲要（2022—2030年）》中，“明确‘十四五’期间主要目标是，规划完成造林种草等国土绿化5亿亩，治理沙化土地面积1.0亿亩。城市建成区绿化覆盖率达到43%，村庄绿化覆盖率达到32%。”〔3〕严禁违规占用耕地，科学划定绿化用地，国土绿化要“以宜林荒山荒地荒滩、荒废和受损山体、退化林地草地等”〔4〕为主。另外，结合农村土地综合整治和高标准农田建设，增加村庄绿地、建设农田防护林；结合城市更新，采取留白增绿（如拆违建绿、建设用地腾挪、农用地转用）等方式，增加城市绿地。〔5〕因此，克服国土绿化不足意义上的“森林稀缺”之森林转型路径，在我国森林覆盖率远低于国际平均水平的国情下，仍将长期存在并需要付出艰巨的努力。

---

〔1〕《“十四五”期间我国规划完成造林种草等国土绿化5亿亩》，载中国政府网2022年9月9日，http://www.gov.cn/xinwen/2022-09/09/content_5709213.htm。

〔2〕参见《国家林草局生态保护修复司司长赵良平：改革开放以来每年森林覆盖率增长0.2%左右》，载百家号“中国经济周刊”2019年4月20日，https://baijiahao.baidu.com/s?id=1631319665597841567&wfr=spider&for=pc。

〔3〕徐强、刘欣：《“十四五”期间将完成造林种草等国土绿化5亿亩》，载《法治日报》2022年9月16日，第6版。

〔4〕据《“十四五”林业草原保护发展规划纲要》，“十四五”要完成人工造林面积1亿零30万亩的目标。

〔5〕参见《国务院办公厅关于科学绿化的指导意见》（国办发〔2021〕19号），载中国政府网2021年6月2日，http://www.gov.cn/zhengce/content/2021-06/02/content_5614922.htm。

（二）与耕地关系上森林转型路径的调整

虽然会受到全球化的影响，但森林转型主要是在国家层面进行的。不同国家自19世纪被卷入现代化浪潮开始，会经历不同的经济社会发展阶段。因此，个别国家自身的森林转型，绝非单一之路径走到底；即使特定阶段会存在主导性路径，仍会出现几种森林转型路径并存的情况。中国现代化的历时性与共时性特征更为明显，面对的问题也更为错综复杂。这决定了我们在运用森林转型进行生态法研究时，必须具备较强的观察辨别能力、分析应对问题能力。强化耕地用途管制是否与森林转型有实质冲突，就是一个需要辨明的问题。

与“森林稀缺路径”不同，森林转型之“经济发展路径”将森林覆盖面积扩大视为经济发展条件下农村劳动力转移的自然结果，注重受农业集约化影响的森林转型之条件分析。[1] 几乎与耕地用途强化管制同步，我们在政策面实施上已可看到森林转型之“经济发展路径”的信号。“全面完成高标准农田建设阶段性任务、大力推进种源等农业关键核心技术攻关、提升农机装备研发应用水平、加快发展设施农业”等，是《中共中央、国务院关于做好2022年全面推进乡村振兴重点工作的意见》中的重要内容——这些内容均与提升农业集约化水平直接相关。认知上，我们容易接受“农业集约化可以依靠较少的土地获得更高的农业产出水平”，在整体上缓解对耕地需求的压力而有助于森林恢复。但在微观驱动机制上，较之于林业，经验上集约化农业也会因更加“有利可图”而“造成毁林现象”。农业集约化如何促进、维持森林转型，理论上不能大而化之，而需要将更多的条件纳入考量。有学者正确地指出，技术进步抑或要素替代的农业集约化是“造成毁林”还是带来“森林面积增长”，还牵涉“农产品需求和供给的弹性”和“土地用途规制政策”的存在。[2] 一方面，据《中国农业展望报告（2022—2031）》：“未来十年，

---

〔1〕 参见邱晨辉：《报告称未来十年我国粮食产量仍将逐步提升》，载中青在线2022年4月20日，http://news.cyol.com/gb/articles/2022-04/20/content_PKX86ux9J.html。

〔2〕 参见梁文远：《森林转型问题研究综述》，载《林业经济》2017年第8期。

我国粮食产量仍将逐步提升，紧平衡状态将有所缓解。”另一方面，我国整体土地用途管制政策法律体系——包括其他农用地与耕地间的“进出平衡”政策等，均在制度化道路上持续加强和完善。[1]

因此，在与耕地的关系上，我们能够判断：我国森林转型正迈向“经济发展”路径。这一路径及相关的配套制度，有助于维持、稳定森林稀缺路径下取得的森林转型成果，如出现逆转导致森林覆盖面积的降低，并间接促进森林转型从强调森林覆盖率扩大向进一步提高森林生物量、森林质量的转变。

（三）森林转型末梢路径：农户土地利用集约化

在永久基本农田上种植苗木，造成耕地占用并影响粮食安全，同时会因附土出售移栽，造成耕地土壤的净损失。经济环境不景气、苗木市场供大于求，多数权利人在获得政府补偿后，也愿意承受“苗木还耕”现实。因此，严禁占用永久基本农田发展林果业以及“苗木还耕”等提法和做法，其正当性之证立并不难；特定社会经济形势下，政策推行的有利条件也存在。但毋庸讳言，政策的贯彻和实践，免不了资源耗费的慨叹和政策反复的吐槽。

我们关注的是：这些政策实践是否在微观层面有利于促进稳定、可持续的森林转型。就“苗木还耕”而言，其间接会提高林地中苗圃地的地位，促成国土绿化在森林资源自身范围内的循环，就“严禁占用永久基本农田发展林果业”而言，其则可能使农地中园地地位进一步“边缘化”。过去实践中传统做法是，耕地保护管理部门和农业农村管理部门倾向于将不破坏耕作层（土壤厚度40厘米以上）的园地依旧认定为耕地，而“为提高森林覆盖率，林草管理部门倾向于园地中部分木本作物划入经济林地”[2]。受强化耕地用途管制、森林转型之森林覆盖率考核要求的双重制约，引导新发展林果业上

---

〔1〕 2022年中央一号文件将“落实‘长牙齿’的耕地保护硬措施”放在五项提升农业集约化水平措施之前，体现了理论上的自觉。参见《中共中央 国务院关于做好2022年全面推进乡村振兴重点工作的意见》，载中国法院网2022年2月22日，https://www.chinacourt.org/article/detail/2022/02/id/6540602.shtml。

〔2〕 刘凡、陈桂珅、吴克宁：《欧洲多年生作物管理经验对我国园地管理的启示》，载《中国土地》2022年第4期。

山上坡，进一步发展经济林成为顺理（利）成章的政策疏导之出口。[1] 当然亦可预见：此形态的“园地上山”，也将会对邻接其他用途的森林的保护传导一定的压力——林地管理中毁林种茶、毁林开垦橡胶园等问题可能会加剧，而不同用途森林间的利用冲突也会附带对野生动物的栖息带来影响。在经济发展路径、森林稀缺路径等之外，一些学者在研究中还总结出统计数据上很难体现的，“在乡村人口密度未下降下”的所谓“农户土地利用集约化路径”。这一路径与劳动力要素投入强度增加相关，与农户利用传统环境文化知识有关；小农主导的农业系统中可以“与果园、小块林地、农林业混合系统、树篱以及废弃牧场上物种多样性增加等”联系在一起促进“农业边际地区森林面积的恢复”[2]。如前述在“经济发展路径”中讨论到的一样，“农户土地利用集约化路径”配以耕地、园地和林地上不同林种的用途管制，同时加强执法司法，至少能够在面上遏制大规模毁林种茶、毁林开垦橡胶园等现象和问题。

注重森林转型末梢路径的研究，应当成为生态法研究的一个重要方向。在生态学层面，其是一个突破狭义的森林转型，容纳并实现生物多样性保护的问题；[3] 在社会学层面，其是一个突破原住民利益受损之森林转型路径，

---

[1] 参见《中共中央　国务院关于做好2022年全面推进乡村振兴重点工作的意见》：“引导新发展林果业上山上坡，鼓励利用‘四荒’资源，不与粮争地。”

[2] Hecht S. B., et al., Globalization, *Forest Resurgence*, *and Environmental Politics in El Salvador. World Development*, Vol. 34: 2, p. 308 – 323 (2006).

[3] 森林转型研究中存在土地共享与土地节约间的辩论，争论的核心焦点在于人类住区和生物多样性保护之间的基本长期关系。节约土地的观点认为，前者与后者是不相容的，因为定居和生产活动破坏了许多生态系统过程。相反，土地共享观点认为，它们不一定是不相容的：人类可以在综合社会生态系统中通过土地管理的历史过程保持甚至增强生物多样性。个案上，通过对地中海山区（狭义）森林转型与景观变化之间关系的研究，结果显示：“在以前的粮田、葡萄园和牧场中，森林正在扩大，农村向外迁移和土地被遗弃……随着农民对综合农林牧业系统的管理消失，景观变得不那么多样化。即使现在的森林面积比十九世纪中叶大，林地之间的生态连通性也没有实质性的改善。相反，随着谷物田、葡萄园、草地和牧场几乎消失，开放栖息地的生态连通性大大降低”，而农林复合系统，“是阻止蝴蝶——作为生物多样性的代表——数量严重下降的关键因素”。See Marull J., et al., *Exploring the Links between Forest Transition and Landscape Changes in the Mediterranean. Does Forest Recovery Really Lead to Better Landscape Quality*? Agroforestry Systems, Vol. 89: 4, p. 705 – 719 (2015).

令生态产品价值、生态空间正义“在地化”实现的问题。传导到法学层面，则不仅需要承认原住民的利益诉求，而且要在新的条件下对原住民进行新的赋权。

第二节 生态法的历史溯源

关于生态法的内涵及其对象领域，我国学者并无一致意见。曹明德秉生态法一体统涉论，认为：“鉴于我国今日环境法、自然资源法和国土法并存的现实状况，学术界主流观点同意将其整合为一个部门法，因此，笔者认为，生态法这一词汇应当涵盖上述三个方面的内容，即我国的生态法概念当包括……以及防治环境污染等三个内容；而且从其哲学理论和伦理学基础来看，理应包含从时间维度出发的地球权利和地球义务即代间权的问题。”[1] 徐祥民、巩固持环境法层化论，认为：“环境法体系内部结构可分为基本法与具体法，后者又含手段法和事务法。手段是指用于环境保护的具体方法，如环境规划、环境影响评价、环境税收等事务法就是与具体环境问题的防治或环境特定部分的保护直接相关的法律规范组成的系统……可分为污染防治法、资源保护法、环境退化防治法和生态保护法。”[2] 杜群的最新研究则持二阶论，认为我国保护地体系走向“保护自然原真性、维护空间正义的‘实证自然保护法’的新法域建设”，“实证自然保护法”隐含的法治逻辑分析方法可通约应用于环境法体系基本法域构建，并为环境法体系中的“实证生态保护法”的二次调整法定位提供法理解释。进而认为，“环境法体系可划分为由一次法律调整形成的污染防治法、自然资源开发利用保护法、‘实证自然保护法’等三个基础法域；‘实证生态保护法’是环境法体系中一次基础法域调整之后形成的派生法域”。

杜群将实证生态保护法定位为环境法之派生法域，是环境法一次调整之

---

〔1〕 曹明德：《生态法的理论基础》，载《法学研究》2002 年第 5 期。

〔2〕 徐祥民、巩固：《关于环境法体系问题的几点思考》，载《法学论坛》2009 年第 2 期。

后的次级体系，颇有见地。但是，杜群对于生态环境法的认知仍然是建立在现代环境法这一中心点上的，即认为："现代环境法的产生起源于工业革命以来社会化的生产性建设性活动产生的负外部性环境影响，而在工业革命以前的农耕文明时代尚不具备产生现代环境资源问题的社会经济条件和社会化的劳动生产关系。"[1] 这与1969年美国《国家环境政策法》的生效视为现代环境法的里程碑，从现世危机感出发认定现代环境法不过四五十年的历史没有什么差别。[2] 事实上，生态法与现代性（化）之间有更为基础和更为复杂的关系，生态法的产生本身就是克服前现代生态危机的手段，[3] 不能认为只有有了环境法的一阶体系之后才有生态法这一派生法域。在历史学界，环境史与生态史称呼上的差异或许一定意义上仅仅是一个符号问题，[4] 因为如何称呼都不影响历史学家们研究工业革命前人类应对生态环境问题之历史，但倘若法学界不仅在术语上，而且在历史事实的判断上出现认知错误，则不仅会陷入历史虚无主义，而且无助于认清生态法之真正独立地位和价值。

一言以蔽之，倘若派生调整的实证生态保护（或直曰生态法）成立及其存在符合理论逻辑，那么，这种理论逻辑也应该与历史逻辑保持一致。

---

〔1〕 杜群：《环境法体系化中的我国保护地体系》，载《中国社会科学》2022年第2期。

〔2〕 [新西兰] 克劳斯·鲍斯曼：《只见树木，不见森林：环境法上的还原主义》，张宝译，载《南京工业大学学报（社会科学版）》2019年第4期。另见白水、郑艺群：《论环境法学的形成和发展》，载《东南学术》2003年第5期。

〔3〕 以20世纪70年代迄今为时间段，生态环境法与现代化之间必然是一种紧张乃至敌对的关系——现代化及现代性成为批判反省的对象。但是从长时段，乃至未来来看，则呈现的是另一番景象。诚如习近平总书记在党的二十大报告中指出的，"中国式现代化的本质要求是：坚持中国共产党领导，坚持中国特色社会主义，实现高质量发展，发展全过程人民民主，丰富人民精神世界，实现全体人民共同富裕，促进人与自然和谐共生，推动构建人类命运共同体，创造人类文明新形态"。习近平：《高举中国特色社会主义伟大旗帜 为全面建设社会主义现代化国家而团结奋斗——在中国共产党第二十次全国代表大会上的报告》，载《求是》2022年第21期。

〔4〕 王利华指出："生态史又称环境史，中外学者都往往混用，但环境史的叫法更加流行。笔者认为：这一研究的基本理论框架应是生态学，因此更愿采用'生态史'一词。另外，'环境史'仍有将社会文化与生态环境人为分割的嫌疑，而在我所主张的生态史学中，两者是一个彼此影响、相互作用、协同演变的整体，人类（社会、文化）系统应被视为地球生态大系统的一部分。"参见王利华：《中国生态史学的思想框架和研究理路》，载《南开学报（哲学社会科学版）》2006年第2期。

一、18世纪近代世界的生态危机与生态法思想的萌芽

18世纪，包括中国在内的世界上的很多国家和地区都遭遇了环境条件的限制。[1]“四种全球性的主要趋势推动人类不断耗尽早期近代世界各种自然资源和空间”[2]：一是人口数量的增加，不仅导致对现有耕地更加密集的使用，还特别推动了对边疆土地的大面积开垦。二是彼时贸易网络的扩大增强了人口流动性，农民迁移到陌生的边疆地区之后会路径依赖，继续种植和饲养熟悉的农作物和动物，于是造成了这些特定物种被带到了边疆地区这样的全球趋势。三是土地利用的压力致使栖息地受到破坏以及理查兹（John F. Richards）所说的“世界性捕猎”（如十七八世纪的中国东北地区），造成了“大型动物、鸟类和海洋哺乳动物的大量减少”的全球性趋势。四是在世界各人口密集地区所出现的日益严重的资源稀缺和能源不足趋势。

与一些国家突出的问题的严重性相结合，早期近代世界的生态压力和危机促使了生态法思想的萌芽。迈克尔·威廉斯（Michlael Williams）考察了世界各地的人们砍伐地表森林的漫长历史进程。在开始时，由于人口相对稀少，森林砍伐的速度也较为缓慢，且由于可用技术手段（如火或手斧）的限制，森林砍伐主要集中在农业已经成为人类主要生存方式的温带地区。但在欧洲，到十七八世纪时，用于燃料、海军造船的木材的日益短缺引发了人们对于继续砍伐森林可能导致后果的担忧。[3]尤其是后者，森林对国家的战略意义促

---

〔1〕参见［美］马立博：《中国环境史：从史前到现代》，关永强、高丽洁译，中国人民大学出版社2015年版，第290页。

〔2〕John F. Richards, *The Unending Frontier: An Environmental History of the Early Modern World*, University of California Press, 2003, p. 4 - 11.

〔3〕17世纪60年代，当时因法国人不合理地砍伐森林，时任财政大臣科贝尔（Jean - Baptiste Colbert）惊呼“法国将因木材而灭亡”。参见吴红宇、沙家辉：《法国生物多样性保护中央政府专职机构的经验与启示——基于建制与职能的视角》，载《中南林业科技大学学报（社会科学版）》2022年第2期。

使国家采取立法行动[1]并开始发展一些重要的植树造林工程。[2] 就欧洲森林所面临的压力而言，约阿希姆·拉德卡（Joachim Radka）认为，一些欧洲国家政府日益增强的保护本国原始森林的能力，可以被看作“一个社会在多大程度上具有未来供给能力（或者说可持续发展能力）的标志”[3]。

二、法国《森林法典》与森林转型

诞生于启蒙时代现代法治运动之中的法国1827年《森林法典》，是现代世界第一部森林法。自工业革命以来，法国是森林覆盖率增长最快的国家，也是最早出现森林转型的国家之一。前者即法治现代化对于世界各国的影响深远，但与之相伴的后者之意义还有待我们发掘。

（一）1827年《森林法典》

18世纪“竭尽利用自然资源而不留下任何空地和未来储备的努力”令人类有进入生态死胡同的可能。[4] 然而，工业革命向化石燃料新能源体制的转变首先为欧洲开辟了一条出路[5]——尽管并非一蹴而就。进入19世纪，在第一次工业革命的发展过程中，虽然燃料从木材转移到了煤炭缓解了薪柴供应的压力，但是木材因“铁路的枕木、电线杆、矿木等”的新需求反而增加

---

[1] 在法国1669年《森林法令》中，“国王对私人的、公共和皇家的森林取得了新的权利，并公开宣布这些森林对国家都具有重要性”。该法令的颁布是一个里程碑，认为森林是一片划定的土地，森林不再供人类居住“建筑的权利被取消”；通过分区对森林进行管理并规范放牧行为，除了一些例外取木材作燃料的权利也被取消。See Mather A. S. , et al. , *The Course and Drivers of the Forest transition: the Case of France*, Journal of Rural Studies, Vol. 15: 1, p. 65 -90 (1999).

[2] See Michael Williams, *Deforesting the Earth*, University of Chicago Press, p. 7.

[3] [德] 约阿西姆·拉德卡：《自然与权力：世界环境史》，王国豫、付天海译，河北大学出版社2004年版，第25页。

[4] 参见陈勇勤：《彭慕兰“大分流”对经济史学界提出的警示》，载《南都学坛》2012年第4期。

[5] 参见 [美] 马立博：《中国环境史：从史前到现代》，关永强、高丽洁译，中国人民大学出版社2015年版，第450页。

了；法国大革命解除了旧政权下实施的严格管制[1]，也造成了监管真空，森林资源遭受巨大损失。森林砍伐加剧，土地荒废、泥石流等日益显现，森林的合理管理以及造林、防灾成为重要课题。

1827年5月21日颁布的法国《森林法典》，将私有林以外的国有林、王室林、市町村所有森林、公共团体所有林等划归公共管理，以实现管理和经营的现代化。对于私有林，虽然对采伐、开垦等实行提前6个月申报并受一定监督等，但所有者原则上可以自由使用、收益和处分。以"code"命名的现代世界之第一部森林法标示了1827年法国《森林法典》的出生不凡、身份之"高贵"；同年，一本名为《六法典》的法典集得以编撰出版，使拿破仑五法典变为数量上的"六法典"。[2]《森林法典》严格限制了森林的习惯法上的利用权，主张利用权的农民与新的森林所有者[3]以及国家[4]之间经常发生冲突，这种纷争是将《森林法典》被推举到仅次于拿破仑五法典位置的一个重要因素。《森林法典》将以前森林警察执行的刑事处罚程序变成了在司法法院进行，森林利用相关的争端解决或处罚从行政机关转移到了审判程序——这意味着"法律家对森林法典的兴趣和参与度将变大，他们可能需要了解该法典相关的知识"。1827年法国《森林法典》还承载了进入现代社会时人们的"法治理想"。关于原拿破仑五法典与"六法典"（含《森林法典》）的性质差异，日本民法学家大村敦志认为，前者是"为了控制司法的法典化（司法法）"，即"对于此前以高等法院为顶点的司法机关所管辖的事项（民事案件、刑事案件），国家（国民）在实体、程序两方面制定规范的一种尝试"；

---

[1] 1669年《森林法令》强调法律的执行，但无论是内容上还是适用的地域上都没达到——"随着与凡尔赛宫物理距离的增加，森林法的效力似乎趋于下降"。18世纪中后期，法国人口仍在继续增加，《森林法令》并没有阻止法国森林资源的枯竭。See Mather A S. et al., *The Course and Drivers of the Forest transition: the Case of France*, Journal of Rural Studies, Vol. 15: 1, p. 65-90 (1999).

[2] [日] 冈田正则：《"六法"思想——关于拿破仑五法典、行政法典和近代法继受》，闫周奇译，载《东南法学》2021年第1期。

[3] 在早期，当偏远地区的森林几乎没有商业价值时，森林所有者将放牧权和薪柴权授予当地人。

[4] 例如，一些公社被授权只能砍掉其所需薪柴的1/6。

与此相对，后者的法典化是“将19世纪以后出现的行政法进行法典化”，是“针对每个问题进行的法典化，是为行政和相关当事人（特别是职业团体）的便利而进行的法典化”[1]。基于这种分析，1827年法国《森林法典》可被视作“从司法法到行政法这种大潮流”的先驱。其法典化不仅是为了“行政和相关当事人的便利”，还包含将行政内部规范外部化、审判规范化的意义。

通过审判程序来调整和纠正与行政活动相关的利害关系，立法权在掌握行政活动规律的主导权的同时以谋求国民统一的意义——这也可以被看作“依法审判”之后的，“依法行政”在立法上的基础准备。法国《森林法典》这种行政法的法典化，“推进了司法法和行政法的分化和角色划分，促进了公法私法二元论的渗透或公民权利（droits civils）的私人权利（droits privés）化”[2]。

（二）法国的森林转型与生态法

19世纪30年代，法国步入森林转型时代。在1827年《森林法典》之前，法国的森林覆盖率从16世纪初的25%～28%降至1825年的15%。[3]

很明显，法国森林从萎缩到扩张的转变与1827年《森林法典》的引入是同步的。法国森林的快速扩张，则发生在19世纪中期——是时，法国于1860年制定了《山地造林法》。《森林法典》的影响有直接的（如禁止放牧），也有间接的。由于无法获得薪柴资源和进行放牧，农村穷人别无选择只能迁移。然而，将森林转型仅（直接或间地）归因于《森林法典》，而将快速扩张全归因于《山地造林法》，未免过于简单化了。[4] 到19世纪中叶，煤炭生产规模的扩大和农村人口的下降进一步促进了新的森林制度的产生。1860年《山

---

〔1〕大村敦志「民法と民法典を考える」有斐閣，1999年，86、90頁。

〔2〕［日］岡田正則：《“六法”思想——关于拿破仑五法典、行政法典和近代法继受》，闫周奇译，载《东南法学》2021年第1期。

〔3〕肖晓丹：《国家主义视野下的法国山地环境治理（1860—1914）》，载《中国农村研究》2018年第1期。

〔4〕See Mather A. S., et al., *The Course and Drivers of the Forest transition: the Case of France*, Journal of Rural Studies, Vol. 15: 1, p. 65－90 (1999).

地造林法》旨在通过国家强制性干预的“补植复绿”来减少洪涝灾害——但该法的施行却遭到了山区市镇的抵制和农民反抗。普法战争结束后法兰西第三共和国成立，《山地造林法》于1871年被废除。1875年6月的一场百年不遇的洪灾，袭击了加龙河流域并造成500余人死亡，而同年9月，地中海沿岸地区也被洪水肆虐。频繁的自然灾害促成了1882年《山地恢复与保护法》的出炉。该法的首要目标是保障山区居民的人身财产安全，进而保护山区农业，使山区村镇逐步融入工业化进程和现代商业网络中；其具体措施也从国家干预强制性的“补植复绿”转向生物措施、土木工程、农业经济转型三方面紧密相连的综合整治模式。[1] 不过，1913年《山地恢复与保护法补充法》重新采用了《山地造林法》的风险预防原则。

第三节 生态法教义学的实践展开

按照拉伦茨（Karl Larenz）的说法，法学或法教义学“是以特定法秩序为基础及界限，借以探求法律问题之答案的学问”。[2] “国外重点研究环境法教义学”，“目前环境法教义学的研究成果并不多”[3]。这是我国环境法学者对我国环境法研究的评价，对于生态法也适用。我国生态环境法教义学研究成果不多，其原因是多方面的。从衡量标准来看，实际上是研究成果欠缺法教义学的气质形象及未满足这一形象气质背后的具体要求。[4] 按照凌斌的说法：“就其特定的立场和方法而言，法教义学是对由本国立法条文和司法案例

---

〔1〕 参见肖晓丹：《国家主义视野下的法国山地环境治理（1860—1914）》，载《中国农村研究》2018年第1期。

〔2〕 [德] 卡尔·拉伦茨：《法学方法论》，陈爱娥译，商务印书馆2003年版，第2页。

〔3〕 何跃军、陈淋淋：《人与自然是生命共同体——“环境法中的法理”学术研讨会暨“法理研究行动计划”第十三次例会述评》，载《法制与社会发展》2020年第2期。

〔4〕 法教义学应是冷静、严谨，强调有依据的论证并对价值判断保持距离。“审视当下中国的环境法学基础理论研究，呈现出某种超前与滞后、华丽与粗陋并存的景观。”环境法领域价值泛滥，凌驾于规范之上而忽视了形式法治的要求，从而失去了法学学科特色，故有学者诘问环境法“缘何不像法学”。参见史玉成：《环境法学核心范畴之重构：环境法的法权结构论》，载《中国法学》2016年第5期。

中的法规范构成的实定法秩序做出体系化解释的法学方法。法教义学与其他法律解释方法的主要差别，体现在对实定法秩序体系化解释的司法中心主义。这就要求法教义学既必须给价值判断留出弹性空间，同时又必须保持法律体系的相对封闭性。"[1] 其实，规范主义、司法中心主义的立场以及对法律解释方法的重视，还不能说是法教义学的全貌。德国学者罗伯特·阿列克西（Robert Alexy）曾做过一个相对全面的概括，认为法教义学要进行三个层面的工作，"即对现行有效法律的描述、对这种法律之概念—体系的研究、提出解决法律争议的建议。这三种活动分别对应于描述—经验的维度、逻辑—分析的维度以及规范—实践的维度"。[2]

以上述标准衡量，中国生态环境法在立法、司法判例之外，常受政策的影响或制约。其中，如何避免"漫无边际的政策探讨"而"根据法律的思考"成为问题。[3] 另外，如同民法学要教给学生用"请求权基础"的思维去解析案例，刑法学要教给学生用"三阶层"的框架去解析案例一样，宪法学也要教给学生审查公权力行为是否违反宪法的教义学框架。[4] 中国生态环境法基础范畴、体系目前还未形成成熟的理论范式。那么，如果认为生态环境法教义学是其得以安身立命的基础，但同时又认为"环境法教义学与当下所说的一般法教义学不同"，那么能否继续强调"环境法是具有革命性的部门法"？本书认为，至少在不同部门法教义学应该共享的气质形象、立场和哲学基础等方面，生态环境法不能继续落入虚妄而在黑暗中找不着北，而是应该正视自己研究素材的特殊性，着力构建拿得出手、经得起检验的体系思考框架和作品。

一、从政策建议到根据法律对政策进行分析

哈特（H. L. A. Hart）把自己的理论称为"描述社会学"（descriptive so-

[1] 凌斌：《什么是法教义学：一个法哲学追问》，载《中外法学》2015 年第 1 期。

[2] ［德］罗伯特·阿列克西：《法律论证理论》，舒国滢译，中国法制出版社 2002 年版，第 311 页。

[3] 参见巩固：《环境法律观检讨》，载《法学研究》2011 年第 6 期。

[4] 参见张翔：《宪法教义学初阶》，载《中外法学》2013 年第 5 期。

ciology)[1]，阿列克西也强调教义法学的基本功首先是对“现行有效法律的描述”。如果我们要进行生态环境法的研究，这也是一项必要的基础工作。在生态环境法的研究中，即便是在国外，其国家的生态环境政策（乃至领导人的讲话），也都是研究中无法回避的。我们注意到，在介绍、研究以环境法教义学为主要内容的国外的生态环境法时，我国学者的论文题目和内容也将相关国家的政策包纳其中，如杜万平的《美国的环境政策：黄金时代之后步履维艰》[2]，任永安、邹爱勇的《美国反环保运动的政策与法律分析》[3]等。因此，环境政策不是不能成为生态环境法的研究素材，而是该如何应用、定位和处理这些素材。

首先，应该避免落入一般的认知误区，即若将政策作为论述的基础，就心怀忐忑怕被误解为是将政策作为法源，担心自己是否在“根据法律的思考”。正确的态度是，我们应该善意[4]地认为，这些政策是对现行法的一种解释或法律适用方案，即政策制定者也是在善意地解释法律。只是我们还要明白，政策制定者在制定某项政策时“不会或只是笼统地说根据某部、某些部法律”就直接对政策的内容加以规定。换言之，政策在形式上确实会表现出不是根据法律的现象。然而，这对生态环境法的研究来说，绝对不能说是坏事。也就是说，其为研究者以此为基础进行“根据法律的解释”，以及生态环境法教义学的发展，不经意间预留出了广阔的空间。

其次，作为法律人的一分子应该极力避免中国传统知识人的身份预设，想当然地认为自己可以为人师。[5] 也就是说，不要总是将自己预设在政策后，

---

[1] ［英］哈特：《法律的概念》（第2版），许家馨、李冠宜译，法律出版社2011年版，第2页。

[2] 杜万平：《美国的环境政策：黄金时代之后步履维艰》，载《生态经济》2007年第12期。

[3] 任永安、邹爱勇：《美国反环保运动的政策与法律分析》，载《法学杂志》2009年第11期。

[4] 关于法律解释中的“善意”，可参见龚举文：《论监察调查中的非法证据排除》，载《法学评论》2020年第1期。另见张明楷：《刑法学研究中的十关系论》，载《政法论坛》2006年第2期。

[5] （在荀子看来）能够不为个人欲望所束缚而思考“道”的是君子，这种人可以为“人师”，教人如何解决社会的问题，甚至制天命而用之，以养人之欲，给人之求，“使欲必不穷乎物，物必不屈于欲（两者相持而长，是礼之所起也）”。参见张伟仁：《中国法文化的起源、发展和特点》（上），载《中外法学》2010年第6期。另见陈思和：《中国现当代文学名篇十五讲》，北京大学出版社2004年版，第22页。

而是要把自己置于政策前。放弃前一立场，意味着不要总是以政策建议为荣——那可能常是经济学家乃至生态学家等的工作。我们知道，任何法律适用、法律解释都有创造性成分。[1] 诚若我们认为政策的制定也是在现行法范围内的一次法律适用（并且内容更为丰富），那么，我们就应该以积极的心态去读懂这种创造性。其中，“在天意、人意与法意的缠绵交贯”中必然存在作为活法的“一种人世生活方式及意义”。

最后，如果我们读懂了政策的创造性，则生态环境法的研究者必须有能力进行理论性的加工再造。这就要求从政策文件、从经济学家的建言等中，提炼、转化为有效的法学之范畴、法学之思考逻辑——进而形成科学的生态环境法的思维框架。“法学上的体系思考，虽然并非将某种价值或价值位阶予以绝对固化，但还是希望借由体系化来维续法秩序的基础标准的稳定性或持续性。”[2] 此处赘言，相应地，我们还应该勇敢、明智地放弃在某种理念或先验基础建构某种理论架构的企图——因为，这种理论架构要么理念为王大而不当，要么超前华丽但却大而无用。[3]

二、从案例分析到对案例语言的分析

一个判决或一个法律处理决定，无论是事实部分还是理由部分，都应是法言法语的展开。[4] 然而，由于我国生态环境法教义学的薄弱，一个有关生态环境法的判决，一方面，其案件事实、判决理由往往令人感觉总有一个不明晰、不透彻的问题。但另一方面，我们潜在地感觉到判决结果应该符合了某种制度性逻辑应被认可，[5] 但其在一般人的朴素感觉上似乎又不可接

---

〔1〕 参见游冰峰：《揭开法律解释的面纱：刍议民商事审判中法律解释的基本规则》，载《法律适用》2006 年第 3 期。

〔2〕 ［德］施密特·阿斯曼：《行政法总论作为秩序理念：行政法体系建构的基础与任务》，林明锵等译，元照出版有限公司 2009 年版，第 28 页。

〔3〕 参见史玉成：《环境法学核心范畴之重构：环境法的法权结构论》，载《中国法学》2016 年第 5 期。

〔4〕 参见郑永流：《法律方法阶梯》，北京大学出版社 2008 年版，第 17、36 页。

〔5〕 参见［英］尼尔·麦考密克、［奥地利］奥塔·魏因贝格尔：《制度法论》，周叶谦译，中国政法大学出版社 2004 年版，第 60～71 页。

受——这在有关森林资源、野生动物保护的判决中特别明显。后一点，或许是此领域中法律适用在特定社会阶段必然出现的现象。但是，若相关的制度性逻辑缺乏展开论证而只是表现为简单粗暴，则这对法治的伤害就更有致命性。因此，通过将有关案例中不成型的、误用的或仅仅是符号的性语言进行生态法教义学的改造进而襄助司法实践，是非常紧迫的任务。

当然，这里仍然有一个政策的因素。诚如伯恩德·吕特斯（Berd RÜther）所言：法教义学和法政策学具有不可分割的关系。法教义学可被理解为“结晶的”法政策学。“法教义学是一个闪烁、多义的概念。如同所有其他的核心法学概念一样，它也置身于社会和政治变迁之中。这显而易见地表现于，法学的教义受时代的约束。”随着时代的变化，法学的传统角色也在改变。法教义学作为法史和法政策经验的守护者，在“法律续造和改造领域中，当新的法律原则生成和稳定之时，承担加强的服务、供给和批判功能”。[1]

第四节　生态法教义学的体系问题

中国的生态环境法实践正在经历模式转换和再造。有学者将其描述为从环境管制和惩治的行政命令走向多元的生态治理之过程[2]——当然，更常听到的是“史上最严”的环境保护法等。很明显，其中的生态环境损害赔偿责任是一个焦点——其不仅是法院司法的手段，而且是行政可以借用的手段。作为一种准私法的方法，我们可以称其为请求权转向。然而，另一个新动向也值得关注，即2021年4月中共中央办公厅、国务院办公厅印发了《关于建立健全生态产品价值实现机制的意见》。

---

〔1〕［德］伯恩德·吕特斯：《法官法影响下的法教义学和法政策学》，季红明译，载《北航法律评论》2015年第00期。

〔2〕参见郭武：《论中国第二代环境法的形成和发展趋势》，载《法商研究》2017年第1期。

一、生态修复责任

（一）生态修复制度的范围

《生态环境损害赔偿管理规定》（环法规〔2022〕31号）[1] 重申、细化了《民法典》第1234条、第1235条关于生态环境损害赔偿的规定。结合《生态环境损害赔偿管理规定》第5条、第9条、第30条，生态环境损害赔偿相关意义上之生态修复，包括“自行、委托修复”和“替代修复”两类。前者以“生态环境损害可以修复”为事实前提，赔偿义务人“自行、委托修复”的，应当修复至生态环境受损前的基线水平或生态环境风险可接受水平，并赔偿生态服务功能丧失期间损失和损害赔偿范围内相关费用。后者除以“生态环境损害无法修复”为事实前提外，尚需“符合有关生态环境修复法规政策和规划”这一法律前提，由“赔偿权利人及其指定的部门或机构”以已纳入预算管理之“生态环境损害赔偿资金”进行“替代修复”，要“实现生态环境及其服务功能等量恢复”。因此，该规定中之生态环境损害赔偿总体上位于本书要探讨之生态修复范围。

国务院办公厅《关于鼓励和支持社会资本参与生态保护修复的意见》（国办发〔2021〕40号）[2] 规定：“重点鼓励和支持社会资本参与以政府支出责任为主（包括责任人灭失、自然灾害造成等）的生态保护修复。对有明确责任人的生态保护修复，由其依法履行义务，承担修复或赔偿责任。”其中“政府支出责任为主的生态保护修复”，如历史遗留废弃矿山之修复，显然也应属于本书要探讨的生态修复范围。然而，其中“有明确责任人的生态保护修复”须注意不应仅限于前述“生态环境损害赔偿”范围内的生态修复。以下情形应当也属于生态修复之范畴：其一，如各类工程建设在取得建设用地使用权之前，应经林业主管部门审核同意，并缴纳森林植被恢复费；其二，如风电

---

〔1〕《关于印发〈生态环境损害赔偿管理规定〉的通知》，载中国政府网2022年4月26日，http：//www. gov. cn/zhengce/zhengceku/2022－05/20/content_ 5691408. htm。

〔2〕《国务院办公厅关于鼓励和支持社会资本参与生态保护修复的意见》，载中国政府网2021年11月10日，http：//www. gov. cn/zhengce/content/2021－11/10/content_ 5650075. htm。

场项目建设使用林地，要求业主“同步实施水土保持和恢复林业生产条件的措施”。这样的意指也体现在新的立法动向中。《中华人民共和国矿产资源法（修订草案）》[1]（征求意见稿）第34条规定：“国家建立矿区生态修复制度。”“矿业权人应当履行生态修复义务，按照矿业权出让合同和矿产资源勘查方案、开采方案开展矿区生态修复工作，边生产、边修复。矿业权人的生态修复义务不因矿业权的灭失而免除”。第36条规定：“采矿权人应当在矿山闭坑前或者闭坑后的合理期限内完成矿区生态修复工作，并按照国务院自然资源主管部门规定的标准和程序进行验收。”

（二）生态修复责任的逻辑

综上所述，制度上之生态修复含“相关权利人在正常之权利取得、存续、退出过程中所承担的生态修复责任”“生态环境损害赔偿相关之生态修复”，以及作为前两者补遗的“政府支出责任为主的生态保护修复”三类。从生态法教义学的视野来看，它们通常首先与生态环境资源的“积极使用”行为相关；继之承认为私法上的权利，遵循“权利—责任（义务）”之法律逻辑；权利人在享有积极使用为主的实质权利的同时，也将锁定因此可能的对生态环境的修复责任（或义务）。除对国家财产性质的生态环境资源的侵害，如砍伐自然保护区的国有林地上的林木，其他形式的污染破坏行为在生态环境损害外观上常表现为正常权利行使行为（或某种情形下可视为一种“自损行为”）。对作为自己权利之客体的特定自然生态环境资源某方面的“支配利用—侵害”，形式上并不符合“法益侵害”系对“他人”法益之侵害的原理。[2] 因此，在《生态环境损害赔偿管理规定》和最高人民法院《关于审理生

---

〔1〕《矿产资源法修订草案（征求意见稿）公开征求意见》，载中国人大网2019年12月18日，http://www.npc.gov.cn/npc/c30834/201912/2671cca9197b4eee868dcc9088e1ffc8.shtml。

〔2〕根据密尔的损害原则——本该被称为损害他人原则，“自我损害、思想以及没有造成任何损害的行为，即使它们也许也应受到谴责，社会也不会与之斗争”。参见［美］马库斯·德克·达博：《积极的一般预防与法益理论——一个美国人眼里的德国刑法学的两个重要成就》，杨萌译，载《刑事法评论》2007年第2期。

态环境损害赔偿案件的若干规定（试行）》[1]中均规定，“因污染环境、破坏生态造成人身损害、个人和集体财产损失要求赔偿的”，不适用于生态环境损害赔偿。另外，传统上以及一般认知中，常将生态补偿领域，如退耕还林还草等，也归于“生态修复”。然诚如论者所承认的，退耕还林还草与“有明确责任人的生态修复”，在发生的原因、规模、公共利益需求等方面均有重大差异。[2]

在退耕还林工程实施期间，农户的退耕义务在法律本质上仅是有对价的合同义务——只有在退耕还林工程结束后，当所涉土地上的权利变更为林权（包括确定为公益林），农户权利才定型化并承担生态保护责任。换言之，在退耕还林后才确定的林权存续期间，林农若改变林地用途的，如砍伐公益林种茶抑或甚至开垦为耕地，才会涉及本书所言之生态修复问题。毋庸讳言，前段后部讨论之内容，确与一般意义上“有明确责任人之生态保护修复”有所不同——公益林重在对其“保护使用”而非“积极使用”。不过，对改变公益林用途的林权人是否承担修复责任来说，“权利人享有实质权利的同时将锁定其可能的生态修复责任（或义务）”，仍是适用的。换言之，若公益林的林权人没有获得生态补偿，则“保护使用”的公益林对林权人而言仅仅是形式上的权利——凭此便锁定林农改变林地用途之森林生态修复责任，是不合理也是不公正的。“生态补偿领域的生态修复”中国家所追求的生态保护效果主要应通过包含生态补偿在内的生态产品价值实现的方式，来达到生态系统服务功能的实现。

二、生态法的“权利—责任”模式

首先要指出的是，与生态环境损害赔偿责任、公益诉讼的研究热络相比，

[1]《最高人民法院关于审理生态环境损害赔偿案件的若干规定（试行）》，载中国审判流程信息公开网2019年8月27日，https：//splcgk. court. gov. cn/gzfwww/sfjs/details？id = ff8080816c22fc85016cd0ccae1f0da4。

[2] 参见裴敬伟：《生态修复法律制度的协同及其实现路径》，载《北京理工大学学报（社会科学版）》2022年第3期。

《关于建立健全生态产品价值实现机制的意见》在法学界只获得了有限的关注。[1] 正如前文所指出的，我们应先对这一政策文件进行教义学分析。与上文“权利—（锁定）—责任”模式相对，我们可以析出“权利—（转移）—责任”这一模式。形式上，这两种模式共享“权利—责任”结构。[2] 不过，在“锁定”模式中，责任锁定是原则，责任转换或交易是例外。在生态产品价值实现领域，“权利或责任”具有客体上的可转换性、主体间的可交易性。[3]

（一）生态产品价值实现机制中的“权利—（转移）—责任”模式

聚焦于自然生态系统本身，《关于建立健全生态产品价值实现机制的意见》明示了“生态空间之独特、优势生态资源及其价值实现”和“生态空间末端环境治理中的生态产品价值实现”这两种价值实现类型。[4] 优美的自然风光、独特的自然禀赋，是生态系统提供产品供给和文化服务等功能的物质基础——在地人民及其政府“在严格保护生态环境前提下”，可以“采用原生态种养模式，提高生态产品价值”，可以“适度发展环境敏感型产业”和“康养融合的生态旅游”。然而，这些优质的自然资源资产，其托底的保护责

---

〔1〕 参见方印等：《生态产品价值实现法律机制：理想预期、现实困境与完善策略》，载《环境保护》2021 年第 9 期。另见高利红等：《乡村振兴与生态产品价值实现的法律协同》，载《中南民族大学学报（人文社会科学版）》2023 年第 5 期。

〔2〕 如果用加号“+”和减号“-”来表示，在锁定模式中为责任的“+”，在“转移”模式中体现为责任的“-”。“转移”模式在理解上特别要避免的是，其责任之“-”，是以付出代价为前提的；换言之，我们绝不能将“转移”理解为不承担实质的责任。

〔3〕 主体间的可交易，在国家或社会作为制度供给方的情况下，既可在有限的主体间进行，也可在更广泛的主体间进行；既能在私主体间进行，也可于公主体间适用，还可以在公私主体间展开。

〔4〕 通过进一步建构和推演，运用类型系列方法，我们认为生态产品价值实现存在“三类六种”情形。其中三类分别是：“生态空间之独特、优势生态资源及其价值实现”“资源开发利用过程中生态资源资产资本的价值实现”“生态空间末端环境治理中的生态产品价值实现”。在末端环境治理领域，又包括“生活空间废弃产品处理中的责任交易”和“传统资源开发空间占用再生态化及其价值实现”两种情形。另外，“资源开发利用过程中生态资源资产资本的价值实现”这一类型中的两种，即传统资源和新能源开发，它们的法律机制主要采“权利—（锁定）—责任”模式（尽管太阳能、风能等新能源开发中，其具体法律机制又另有特点）。

任应由中央政府承担——体现为财政转移支付为特点的生态补偿，体现为规划上的国家重点生态功能区，以及国家公园等自然保护地等政策法律工具。

就“权利—（转移）—责任”模式来说，更有意义的是“生态空间末端环境治理中的生态产品价值实现”。其中“传统资源开发空间占用再生态化及其价值实现”在《关于建立健全生态产品价值实现机制的意见》中体现为：“加快培育生态产品市场经营开发主体，鼓励盘活废弃矿山、工业遗址、古旧村落等存量资源，推进相关资源权益集中流转经营，通过统筹实施生态环境系统整治和配套设施建设，提升教育文化旅游开发价值。”“鼓励将生态环境保护修复与生态产品经营开发权益挂钩，对开展荒山荒地、黑臭水体、石漠化等综合整治的社会主体，在保障生态效益和依法依规前提下，允许利用一定比例的土地发展生态农业、生态旅游获取收益。”“在具备条件的地区探索古屋贷〔1〕等金融产品创新，以收储、托管等形式进行资本融资，用于周边生态环境系统整治、古屋拯救改造及乡村休闲旅游开发等。”

（二）生态法“权利—责任”模式中的“权利”

“人类世使所有人都暴露在外，且要求所有人都承担责任。”〔2〕然而，更为清醒的认识应是：“个体的责任过于单薄，单纯强调个人责任往往造成更加混沌的状态。”〔3〕在生态环境法“权利—责任”之法律机制里，权利被置于一个特殊的位置，其有不同的“面相”。一方面，初始权利有“神圣”的一面，面对国家在基底上也有“不可剥夺性”——注意：不是“国家的不可干

〔1〕古屋贷的具体运作模式可概述为：平台公司与金融机构签订农村生产要素批量托管协议。古屋修缮、经营等均可以申请低利率、长期的贷款。金融机构与古屋经营权人签订抵押贷款协议，并批量将古屋经营权托管给平台公司，由公司负责对受托古屋进行监管，产生信贷风险后由公司负责帮助流转与处置。传统的民法理论中，抵押权作为主债权的从权利，是不能单独“流转”的。在古屋贷中，通过“批量托管协议”，涉及的实际上是抵押资产的监管（同时也可谓生态资源资产保护）责任的转移。

〔2〕See SCHWÄGERL C, 2014. *The Anthropocene: the Human era and How It Shapes Our Planet*, Synergetic Press.

〔3〕See CLARK T, 2015. *Ecocriticism on the Edge: the Anthropocene as A Threshold Concept*, Bloomsbury.

预性”。另一方面，“权利”作为一个“装置”“工具”，要么是责任“锁定”的基础、要么是责任“转移”的中介。

在涉及主要以公平取向为主的权利初始分配领域——通常系涉及民生的、以普通公众为对象的领域，责任主要还是体现为传统的、作为消极后果的法律责任。[1] 但我们可观察到，即使面临惩罚性法律后果，也不包括基础的、初始分配所得之权利的剥夺。司法实践中，在滥伐林木的案件里，被砍伐的林木并不是违法所得或违禁品，不应适用《刑法》第 64 条而追缴或没收砍伐的林木。[2] 在非法占用农用地案件中，即使行为人针对“同一林地多次实施非法占用”而依法应当追诉且未经处理的[3]，司法者也仅局限于就行为是否符合非法占用农用地罪进行构成要件分析，不会（当然也不应该）想到在追究行为人刑事责任的同时，要去剥夺行为人的林地承包经营权。[4] 总之，权利初始配置的制度性维持了权利的稳定性、“神圣性”——哪怕有违法犯罪行为的发生。[5]

然而，在主要涉及效率取向的权利流转或责任市场领域，法律后果意义

---

〔1〕 但在生活空间废弃产品处理方面，普通公众的“权利—（转移）—责任”的法律机制已经在欧洲国家等出现。如废弃瓶罐的回收责任。

〔2〕 参见喻海松：《林权制度改革背景下伐木犯罪的调整思路》，载《法学评论》2022 年第 5 期。另见张明楷：《盗伐、滥伐林木罪的重要问题》，载《上海政法学院学报（法治论丛）》2021 年第 5 期。

〔3〕 参见白秀峰：《针对同一林地多次实施非法占用行为的定性》，载《中国检察官》2021 年第 24 期。

〔4〕 此类案件中，非法占用的是退耕还林所形成的林地，行为人多次实施（种植玉米、西瓜、花生等农作物）占用林地行为，实际上具有实质的“累犯”性质。无论是从刑法特殊预防的功利目的出发，还是从实现更好、更有效的保护森林资源的生态目标来论证，通过追缴或没收将林地转为国家或集体支配，似乎都是更有效的法律手段。换言之，比单纯追究刑事责任，都还有效。

〔5〕 是否应该进行根本性的制度改革？就退耕还林而言，有论者就建议“将承担公共属性（承担水土保持等生态调节服务的退耕还林后的森林、林地等）的资源产权交给公共服务部门，避免交给私人后因保护成本大于收益引起的短期逐利行为”。本书认为，退耕还林后将（大）部分林地划为公益林并进行生态补偿，是更为妥帖的做法。通过赎买等方式变相地剥夺农民的土地承包经营权，不仅是一个要付出多少财政成本、存在多少社会风险的问题，而且因为土地制度与社会历史的长期正义互为表里。参见郭韦杉、李国平：《欠发达地区实现共同富裕的主抓手：生态产品价值实现机制》，载《上海经济研究》2022 年第 2 期。

上之责任的惩罚机能弱化——即使人们讨论生态环境损害赔偿责任可否同时适用《民法典》第1232条之惩罚性赔偿。[1] 在生态修复责任领域，拥有权利是锁定其责任的基础，权利成为行为人试图挣脱的“枷锁”。在责任市场领域（生态产品价值实现机制所涉及的一些领域），基础配置权利本身不再是关注的重点（如碳排放配额），基础权利之可转换性、可交易性才具真正的赋权的性质。另外，“三权”分置中的土地经营权人，根据《农村土地承包法》第42条、第64条的规定，若存在擅自改变土地的农业用途、弃耕抛荒等情形，要承担土地流转合同被解除、终止的责任。[2] 总体来说，涉效率取向的权利流转领域，权利处于与责任相伴随的状态。

三、生态教义法学的规则观

总而言之，我国生态环境法实践之请求权转向，以及生态产品价值实现机制中隐含的“权利—责任”模式，均可以归结为“责任转向”。这促使我们进一步认识到，哈特关于“法律系初级规则与次级规则的结合”之观点在生态环境法中的存在及其可适用性。但是，这种认知灵感的跃升即将面临新的障碍，即在生态环境法领域，显现很多规则是技术规则——这给人以生态环境法的初级规则是明确的假象。然而，实际上，盖肇于“公法私法二元论的渗透或公民权利（droits civils）的私人权利（droits privés）化”，这些规则反而呈现的是科特利尔（R. Cotterrell）所谓的“机械规则、自由载量规则、特殊规则”的奇妙混合。[3] 换言之，在明确规则之外有大量模糊、无效乃至静止的规则。明了这一现实，生态环境治理从次级规则发力之“责任转向”

---

〔1〕 参见吴卫星、何钰琳：《论惩罚性赔偿在生态环境损害赔偿诉讼中的审慎适用》，载《南京社会科学》2021年第9期。

〔2〕 如前文所述，尽管可能承担“改变土地用途”的责任，但土地承包经营权人若“弃耕抛荒”，实际上并不会因此将承担后果意义上的法律责任。同时，土地承包经营权人“弃耕抛荒”，并不意味着国家不能进行干预。对于国家干预，土地承包经营权人有承受这种国家干预的责任。后一意义上的责任，参见王涌：《寻找法律概念的“最小公分母”——霍菲尔德法律概念分析思想研究》，载《比较法研究》1998年第2期。

〔3〕 参见朱景文：《现代西方法社会学》，法律出版社1994年版，第246~247页。

便意义重大——我们庆幸走在一条正确的道路上。

这一转向同时让我们明白，哈特极力反对将法律归结为“主权者以制裁为后盾之命令”的意义。换言之，当我们说“史上最严厉的环境保护法”时，其严厉并不一定要指向制裁，而是责任的承担与落实。正如新加坡学者在分析该国最迟在2024年中推行饮料瓶罐退费制时指出的：“责任制求诸的是社会的集体意识和责任感。关于这方面，新加坡人的都市化和视野宽是有一定帮助的。国家环境局针对饮料瓶罐退费制做的调查，有回收瓶罐的新加坡人占59%，支持这项政策的人不论现在是不是有回收习惯，占78%。新加坡人对于回收习惯，有这么高的集体认知，正是从奖励人们改变习惯，过渡到赋权人们改变规范的好时机。”[1]

---

[1] 韩咏梅：《看见回收的价值》，载联合早报网，https：//www. zaobao. com/forum/views/story20220925－1316382。

第二章　生态产品价值实现的法律机制*

生态产品价值实现与生态补偿之间，存在生态产品自身价值全面实现与主要补偿机会成本之差异。因而，特定语境中的生态产品实现机制其应有独立之内容、逻辑之基础和相应之特别法律机制。同时接续第一章，自然资源（土地）“用途固定”是一个重大变化。顺着这一变化，法律机制上应有三条路径值得探索。本章结合生态产品价值实现，重点探讨隐含其中的“权利—责任”机制，以就教于方家。

第一节　生态产品、生态产品价值实现机制的语境生成

纵横向生态补偿和生态产品价值实现，均被视为生态系统“源头保护和全过程修复治理”相结合的机制，均被期待实现“绿水青山”到“金山银山”的转化，使生态环境保护修复获得合理回报的功能。[1] 广义上，生态产品价值实现包括以政府支出责任为主的生态补偿。就生态补偿与生态产品价

* 本章研究获得云南省教育厅科学研究基金项目资助，项目名称：森林生态资源资产化与林权结构研究（2021J0183）。

〔1〕 参见董祚继：《新时代国土空间规划的十大关系》，载《资源科学》2019 年第 9 期。

值实现（机制），相关政策文本在各自主题下确亦存在内容交织、互为指涉，[1] 相关配套工具共用、制度基础共享等现象。但若认为，它们二者实现的生态产品价值，存在补偿（机会）成本与自身价值全面实现等的差异，且为促进生态环境质量之持续改善，制度政策地演进需要变“输血”为“造血”。[2] 那么单就生态产品实现机制而言，其独立之内容、逻辑之基础和相应之特别法律机制就应予以独立识别析出，由此才能辨明其存在之机理，畅通其实现路径及机制。

一、规划语境中的生态产品及其价值实现

2010 年《全国主体功能区规划》侧重生态系统的调节功能，把生态产品定义为“维系生态安全、保障生态调节功能、提供良好人居环境的自然要素，包括清新的空气、清洁的水源和宜人的气候等。生态产品同农产品、工业品和服务产品一样，都是人类生存发展所必需的。生态功能区提供生态产品的主体功能主要体现在：吸收二氧化碳、制造氧气、涵养水源、保持水土、净化水质、防风固沙、调节气候、清洁空气、减少噪声、吸附粉尘、保护生物多样性、减轻自然灾害等。一些国家或地区对生态功能区的‘生态补偿’，实质是政府代表人民购买这类地区提供的生态产品。”同时指出：“国家重点生态功能区要以保护和修复生态环境、提供生态产品为首要任务，因地制宜地发展不影响主体功能定位的适宜产业，引导超载人口逐步有序转移。”

2021 年 3 月 11 日第十三届全国人民代表大会第四次会议通过的《中华人民共和国国民经济和社会发展第十四个五年规划和 2035 年远景目标纲要》在

---

[1] 2016 年《关于健全生态保护补偿机制的意见》在“健全配套制度体系”中提及“加快建立生态保护补偿标准体系，根据各领域、不同类型地区特点，以生态产品产出能力为基础，完善测算方法，分别制定补偿标准”。在“创新政策协同机制”中提及：“研究建立生态环境损害赔偿、生态产品市场交易与生态保护补偿协同推进生态环境保护的新机制。稳妥有序开展生态环境损害赔偿制度改革试点，加快形成损害生态者赔偿的运行机制。健全生态保护市场体系，完善生态产品价格形成机制，使保护者通过生态产品的交易获得收益，发挥市场机制促进生态保护的积极作用。”

[2] 参见刘桂环等：《关于市场化多元化生态补偿的实践基础与推进建议》，载《环境与可持续发展》2019 年第 4 期。

第三十章“优化国土空间开发保护格局”第三节“提升重要功能性区域的保障能力”中提及：“支持生态功能区把发展重点放到保护生态环境、提供生态产品上，支持生态功能区人口逐步有序向城市化地区转移并定居落户。”在第三十七章“提升生态系统质量和稳定性”第三节“健全生态保护补偿机制”中提及：“建立生态产品价值实现机制，在长江流域和三江源国家公园等开展试点。”

二、生态产品价值实现机制：绿水青山就是金山银山的理念〔1〕以及政策文件比较

“绿水青山就是金山银山的理念”是生态产品价值实现机制的理论基础。在2018年4月26日召开的深入推动长江经济带发展座谈会上，习近平总书记指出：“我看到新华社一篇报道反映，位于长江‘九曲回肠’石首段的一家临江化工企业，产业规模居世界前三，是当地的纳税大户，但也是排污大户，严重污染问题多年难以解决，周围群众苦不堪言。这两年环保部门动真格严查，开出2700多万元的长江流域‘史上最大环保罚单’，倒逼企业关闭污染严重、难以改造的生产线，投入约1亿元引进行业最先进的治污装置，不仅解决了多年的污染问题，而且推动企业实现了转型升级，一举两得。浙江丽水市多年来坚持走绿色发展道路，坚定不移保护绿水青山这个‘金饭碗’，努力把绿水青山蕴含的生态产品价值转化为金山银山，生态环境质量、发展进程指数、农民收入增幅多年位居全省第一，实现了生态文明建设、脱贫攻坚、乡村振兴协同推进。”〔2〕在2020年11月14日召开的全面推动长江经济带发展座谈会上，习近平指出，“要加强生态环境系统保护修复。要从生态系统整体性和流域系统性出发，追根溯源、系统治疗，防止头痛医头、脚痛医脚。要找出问题根源，从源头上系统开展生态环境修复和保护。要加强协同联动，强化山水林田湖草等各种生态要素的协同治理，推动上中下游地区的互动协

〔1〕习近平：《决胜全面建成小康社会夺取新时代中国特色社会主义伟大胜利——在中国共产党第十九次全国代表大会上的报告（2017年10月18日）》，载《求是》2017年第21期。
〔2〕习近平：《在深入推动长江经济带发展座谈会上的讲话》，载《求是》2019年第17期。

作，增强各项举措的关联性和耦合性。要注重整体推进，在重点突破的同时，加强综合治理系统性和整体性，防止畸重畸轻、单兵突进、顾此失彼。要在严格保护生态环境的前提下，全面提高资源利用效率，加快推动绿色低碳发展，努力建设人与自然和谐共生的绿色发展示范带。要把修复长江生态环境摆在压倒性位置，构建综合治理新体系，统筹考虑水环境、水生态、水资源、水安全、水文化和岸线等多方面的有机联系，推进长江上中下游、江河湖库、左右岸、干支流协同治理，改善长江生态环境和水域生态功能，提升生态系统质量和稳定性。要强化国土空间管控和负面清单管理，严守生态红线，持续开展生态修复和环境污染治理工程，保持长江生态原真性和完整性。要加快建立生态产品价值实现机制，让保护修复生态环境获得合理回报，让破坏生态环境付出相应代价。要健全长江水灾害监测预警、灾害防治、应急救援体系，推进河道综合治理和堤岸加固，建设安澜长江。"[1]

2021 年 4 月和 2021 年 9 月，中共中央办公厅、国务院办公厅先后印发了《关于建立健全生态产品价值实现机制的意见》《关于深化生态保护补偿制度改革的意见》。这两份同年发布的文件在改革取向上，前者作为先导并将"健全生态产品保护补偿机制"整体归入生态产品价值实现机制之中。[2] 生态保护补偿制度本身也需要改革，建立"分类、综合、多元"的生态保护补偿制度是后者确定的改革目标[3]。对比《关于建立健全生态产品价值实现机制的意见》《关于深化生态保护补偿制度改革的意见》两个文件的内容，我们发现：自然资源统一确权登记、建立自然资源资产产权制度、划清所有权和使用权边界、丰富使用权类型是它们的共同内容。在"水权、排污权、碳排放

[1] 《习近平主持召开全面推动长江经济带发展座谈会并发表重要讲话》，载中国政府网 2020 年 11 月 15 日，http：//www. gov. cn/xinwen/2020 - 11/15/content_ 5561711. htm。

[2] 即便在纵向生态保护补偿中，也"鼓励地方政府在依法依规前提下统筹生态领域转移支付资金，通过设立市场化产业发展基金等方式，支持基于生态环境系统性保护修复的生态产品价值实现工程建设。探索通过发行企业生态债券和社会捐助等方式，拓宽生态保护补偿资金渠道"。

[3] 具体内容包括："以生态保护成本为主要依据的分类补偿制度""以提升公共服务保障能力为基本取向的综合补偿制度""以受益者付费原则为基础的市场化、多元化补偿"机制等。

权等各类资源环境权益”的初始分配、交易、融资等方面，尽管两个文件分别将其归入“生态产品经营开发机制——推动生态资源权益交易”和“发挥市场机制作用，加快推进多元化补偿——拓展市场化融资渠道”中，但角度上的差异并不影响将它们视为两个文件的共同内容。另外，制定《生态产品目录清单》，在《陆地生态系统生产总值核算技术指南》等的规范下进行生态产品价值核算，其核算的结果是“生态保护补偿、生态环境损害赔偿、经营开发融资、生态资源权益交易”等得以实施的基础，正因如此，生态产品价值核算只是上述制度共同可以使用的一个工具。

三、厘清生态产品价值实现的核心对象领域

生态环境损害赔偿、生态保护补偿和生态产品价值实现机制，从政策文件的形式上看三者都有了相应的政策文件支撑，但从文件内容上看，只有前两者在认知上人们都能把握到相对清晰的对象领域和实践表现形式。生态环境损害赔偿核心地带是以司法手段为后盾，借助私法方法对个别的生态环境损害进行救济性保护。生态保护补偿则是指采取财政转移支付或市场交易等方式，在区域层面对生态保护者因履行生态保护责任所增加的支出和付出的成本，予以适当补偿的激励性制度安排。目前，“众多学者也把生态补偿作为生态产品价值实现的其中一种途径”，但生态补偿与生态产品价值实现机制二者之间“实际是互不相同的，各自有明显不同的本质内核。”[1] 明确划分二者之间的界限，有利于认清各自的本质特征，有利于发挥各自的机制优势，有利于找到各自机制创新的着力点。

采用排除重叠内容的方法，利用前述文本分析已获结果，我们可以获得生态产品价值实现机制论题所需要特别强调和重视的内容——它们以“示例”的方式出现，并非通常的政策文件表达方式，故常为研究者忽略。具体包括：

---

〔1〕 参见靳乐山、朱凯宁：《从生态环境损害赔偿到生态补偿再到生态产品价值实现》，载《环境保护》2020年第17期。

一是废弃矿山、工业遗址、古旧村落等存量资源的权益集中流转。[1] 二是荒山荒地、黑臭水体、石漠化等涉及的生态环境系统性保护修复。[2] 三是“依托”自然生态环境等资源进行生态产品经营开发，具体表述上，或曰依托“自然禀赋”、或曰依托“洁净水源、清洁空气、适宜气候等”自然本底条件、或曰依托“优美自然风光、历史文化遗存”等，从而将“生态优势转化为经济和产业优势”。[3] 四是生态产品在“生态”的光环下的价值增值，包括使用“区域公用品牌”、生态产品的“认证评价”和“质量追溯机制”等，从而实现“绿水青山转化为金山银山”。[4]

第二节 生态资源的再认知

“生态产品价值实现机制”似乎是一个“生态产品”“价值”“实现”“机制”等术语环套拼接的叠加组合概念。由此给人的错觉是：只要层层递进地对相关术语进行解释，就能获得“生态产品价值实现机制”的正确理解——

---

〔1〕 加快培育生态产品市场经营开发主体，鼓励盘活废弃矿山、工业遗址、古旧村落等存量资源，推进相关资源权益集中流转经营，通过统筹实施生态环境系统整治和配套设施建设，提升教育文化旅游开发价值。

〔2〕 鼓励将生态环境保护修复与生态产品经营开发权益挂钩，对开展荒山荒地、黑臭水体、石漠化等综合整治的社会主体，在保障生态效益和依法依规的前提下，允许利用一定比例的土地发展生态农业、生态旅游获取收益……完善纵向生态保护补偿制度……鼓励地方政府在依法依规前提下统筹生态领域转移支付资金，通过设立市场化产业发展基金等方式，支持基于生态环境系统性保护修复的生态产品价值实现工程建设。

〔3〕 依托不同地区独特的自然禀赋，采取人放天养、自繁自养等原生态种养模式，提高生态产品价值。科学运用先进技术实施精深加工，拓展延伸生态产品产业链和价值链。依托洁净水源、清洁空气、适宜气候等自然本底条件，适度发展数字经济、洁净医药、电子元器件等环境敏感型产业，推动生态优势转化为产业优势。依托优美自然风光、历史文化遗存，引进专业设计、运营团队，在最大限度减少人为扰动的前提下，打造旅游与康养休闲融合发展的生态旅游开发模式。

〔4〕 鼓励打造特色鲜明的生态产品区域公用品牌，将各类生态产品纳入品牌范围，加强品牌培育和保护，提升生态产品溢价。建立和规范生态产品认证评价标准，构建具有中国特色的生态产品认证体系。推动生态产品认证国际互认。建立生态产品质量追溯机制，健全生态产品交易流通全过程监督体系，推进区块链等新技术应用，实现生态产品信息可查询、质量可追溯、责任可追查。

这导致就生态产品及其价值实现形成了颇为壮观的理论热潮。[1] 其实，根据“绿水青山就是金山银山”理论生态系统本体上就具有“金山银山”的价值，具有价值的创造性。[2] 与《陆地生态系统生产总值核算技术指南》的技术路线不同，[3] 前文已进行的梳理同时表明，《关于建立健全生态产品价值实现机制的意见》独有内容之逻辑起点恰恰是生态资源资产这一存量概念。生态资源是指能为人类提供生态服务或生态承载能力的各类自然资源。生态资产具有稀缺性需要明晰产权，是一定经济技术条件下能够带来效益的自然资源，“一定的经济技术条件”是一个现实因素，要求在资源开发中利用、兴建必要软硬件设施，通过资源的形态转换来体现、实现作为生态资产的价值。生态资源、生态资本都是一种“存量”，但生态资本是能产生未来现金流的生态资产。在强大的趋利动机驱使下，生态资本具有增值性或曰资本存量不减性，通过循环实现自身不断增值；“所有符合条件的人造资源，都能成为生态资本”——这与只包含有限的人造设施的生态资产不同。[4]

---

[1] 不管理论上如何建构，生态产品及其价值，首先还是一个实践问题。生态系统（功能）服务，是指人类从生态系统中得到的惠益，包括物质产品、调节服务、文化服务以及支持服务。与《千年生态系统评估》一致，从“能够为联合国气候变化框架公约以及生物多样性保育等谈判和履约提供相关科学数据”出发，国家林业和草原局提出并归口的《森林生态系统服务功能评估规范》（GB/T 38582－2020）建立了覆盖上述4类服务包含9项功能的评估指标体系。联合国统计司（UNSD）2014年发布基于环境经济核算体系（SEEA）的《实验性生态系统核算》，将生态系统服务划分为产品供给、调节服务和文化服务三类价值。《陆地生态系统生产总值核算技术指南》则是2020年9月由生态环境部下发的技术文件。主要起草人王金南院士明确指出：“《指南》对存在争议的土壤形成、养分循环、初级生产、生物多样性等支持服务未予核算”；物质产品供给则“没有区分自然生态系统和非自然生态系统”，留待“联合国《实验性生态系统核算》做出进一步明确解释后，《指南》再行修订”。

[2] 参见黄承梁：《论习近平生态文明思想对马克思主义生态文明学说的历史性贡献》，载《西北师大学报（社会科学版）》2018年第5期。

[3] 在《陆地生态系统生产总值核算技术指南》中，生态系统生产总值的定义是：“生态系统生产总值也可简称为生态产品总值，是指生态系统为人类福祉和经济社会可持续发展提供的各种最终产品与服务价值的总和，主要包括生态系统提供的物质产品、调节服务和文化服务。”王金南院士解释道：与生态资源基础上的生态资产概念不同，“生态系统生产总值是流量的概念，可以按年度进行核算”。同时，定义语句中“各种最终产品与服务价值的总和”已暗示应用层面的生态系统服务“不包含生态系统服务中的支持服务、间接过程和资源存量”。

[4] 参见严立冬、谭波、刘加林：《生态资本化：生态资源的价值实现》，载《中南财经政法大学学报》2009年第2期。

之所以生态资源资产能够成为生态产品价值实现机制之逻辑起点，我们还可从以下几个方面来认识。首先，“生产主体对生态系统（生态资源资产）可以选择多种利用活动，每种利用活动下，生态系统提供了各种生态系统服务的某个组合”[1]。其次，尽管生态资产的市场交易，有观点认为也不是生态产品价值实现的一种模式；尽管生态资源资产是一个存量概念，与作为流量概念的生态产品不同。[2] 但是，因生态资产资本的基础是能流、物流、信息流构成的自然资本和非自然资本的结合，[3] 因此生态资本资产与自然资本都共享了“循环”这一视角、观念以及背后的热力学物理定律。在术语的构成上，若注意到“生态产品价值实现”重在“机制”一词，那么，生态资源资产就必须被承认系生态产品价值实现“机制的”逻辑起点。换言之，生态产品及其价值（实现）仅仅是一个逻辑中项。碳排放权交易目前几乎被所有研究生态产品价值实现的文献描述为生态产品的价值实现的形式之一。但是，无论是碳排放权初始分配的根据还是碳排放市场交易的范围和主体，都说明自然生态系统提供的森林碳汇并非碳市场的基础。[4] 同时，一些国家目前较为成熟、成型的“瓶罐押金和退瓶计划”发生于“三生”空间中的“生活”空间，现象上也不是直接的生态产品价值实现的方式。但是，如果我们认识到生态资源、资产、资本这些概念的价值——尤其是自然资本、生态资本概念中“循环”观念提供的视界，那么目前主要是在工业生产领域展开的碳排放交易以及生活消费领域废弃物回收等，其本身可视为生态资源之形态、价值的转换形式，即其自身便具有资源价值并需要实现。

---

〔1〕王会、李强、温亚利：《生态产品价值实现机制的逻辑与模式：基于排他性的理论分析》，载《中国土地科学》2022 年第 4 期。

〔2〕参见钟方雷、徐中民、张志强：《生态经济学与传统经济学差异辨析》，载《地球科学进展》2008 年第 4 期。

〔3〕这与学界强调“生态产品是生物生产与人类生产共同作用”的产物一致。

〔4〕参见刘勇：《政府免费分配碳排放配额的法律性质与中国对策——基于〈补贴与反补贴措施协定〉补贴构成要件的分析》，载《法商研究》2016 年第 2 期。

生态资源的资产化、资本化，作为工具性手段，[1] 为生态产品提供了跨越生态空间而进入生产、生活空间实现价值的理论基础。事实上，以主导功能划分的“三生”空间，自身均同时存在生态、生产、生活之三维功能与结构。建设生态文明，关键是推行绿色生产和生活方式。集约高效的“生产之维”是“三生空间”的根本力量。

一、政策文本中生态资源资产资本类型化及其价值实现

聚焦于自然生态系统本身，在《关于建立健全生态产品价值实现机制的意见》中存在“生态空间之独特、优势生态资源及其价值实现”和“生态空间末端环境治理中的生态产品价值实现”两种价值实现模式。本书对第二种模式进行扩充，根据前述理论启发将之充实为“生态空间、生活空间末端环境治理过程中的生态产品价值实现”。

（一）生态空间之独特、优势生态资源及其价值实现

独特的自然禀赋、优美的自然风光，是生态系统提供产品供给和文化服务等功能的物质基础。在《关于建立健全生态产品价值实现机制的意见》中体现为：“依托不同地区独特的自然禀赋，采取人放天养、自繁自养等原生态种养模式，提高生态产品价值。科学运用先进技术实施精深加工，拓展延伸生态产品产业链和价值链。”“依托优美自然风光、历史文化遗存，引进专业设计、运营团队，在最大限度减少人为扰动前提下，打造旅游与康养休闲融合发展的生态旅游开发模式。”

承担生态系统调节功能产出责任的主体功能区，在《关于建立健全生态产品价值实现机制的意见》中，其产业发展路径或生态产品价值实现路径表述为：“依托洁净水源、清洁空气、适宜气候等自然本底条件，适度发展数字经济、洁净医药、电子元器件等环境敏感型产业，推动生态优势转化为产业

[1] 这与农村集体产权制度改革中的“三变”改革具有一定程度的相似性。参见杨帅、罗士轩、温铁军：《空间资源再定价与重构新型集体经济》，载《中共中央党校（国家行政学院）学报》2020 年第 3 期。

优势。”我们知道，在同样干扰强度或外力作用下，各类生态系统出现区域生态环境问题可能性的大小会有所不同。生态环境敏感性，生态系统对人类活动干扰和自然环境变化的反映程度，同时表征外界干扰可能造成的后果——在遇到干扰时，区域生态系统发生生态环境问题可能性大小和程度。[1] 规划语境中，生态敏感区一般包括水源保护区、风景名胜、自然保护区、国家重点保护文物、历史文化保护地（区）、基本农田保护区、水土流失重点治理及重点监督区、天然湿地、珍稀动植物栖息地、红树林以及文教区等。但是，一般用语上环境敏感型产业系污染密集产业，其会直接或间接产生大量污染物，影响生态质量并使环境恶化；在生产过程中，工人的安全和健康也会受到威胁或明显受到影响。因而，为避免对人、动植物的生存或生命健康造成损害，此类环境敏感型产业须在生产过程中加以治理。显然，《关于建立健全生态产品价值实现机制的意见》中例举的“环境敏感型产业”是指其生产过程对生态环境有弱或中性影响，并对优质的生态环境有依赖关系的产业，不是污染密集产业。换言之，文件中的“环境敏感型”主要不是从对生态环境的影响这一方向来说的，而是从对良好的生态环境的需求的敏感性来讲的。

相较于一般的城市空间，具有“独特的自然禀赋、优美的自然风光和历史文化遗存”和“洁净水源、清洁空气、适宜气候等自然本底条件”的地区，整体上均属于生态空间。然而，在上述空间内部，其“生态、生产、生活”之三维功能与结构仍然清晰可辨。此等生态空间中的人类参与或主导的生产功能及其结构，不会导致整体生态空间环境污染及其治理等问题——但即便从环境敏感型产业发展的需要出发，也需要对生态资源、空间进行保护修复。

（二）生态空间、生活空间末端环境治理过程中的生态产品价值实现

这里的末端环境治理存在于生态空间生产活动与人类生活空间的消费活动之结果造成的环境负担上。《关于建立健全生态产品价值实现机制的意见》

---

〔1〕参见欧阳志云、王效科、苗鸿：《中国生态环境敏感性及其区域差异规律研究》，载《生态学报》2000年第1期。

中，遗憾的是欠缺（生活空间）消费活动环境治理及其价值实现的指引。

1. 生活空间废弃产品处理中的责任交易

继新加坡国家环境局于 2019 年 10 月 31 日推出并实施“回收和节省”（Recycle N Save）计划后，该国宣布最迟在 2024 年中推行饮料瓶罐退费制。其具体做法为：在出厂分销时，所有 150 毫升至 3 公升的铝罐和塑料瓶饮料都预设一角或两角的押金；消费者在购买这些饮料的时候，意味着付款时必须支付这笔押金，只有退回空瓶罐时才能再取回押金。其法律机制是：消费者“回收瓶瓶罐罐不再是原‘回收和节省’计划中的奖励，而是一种责任”；如果不履行这个责任，附着在空瓶罐上的押金就自动成为不履行责任者支付的让别人帮其负责的一笔费用。新加坡学者认为，“推动回收计划从奖励制改成责任制”的实质理由乃是：“看到资源的价值，是这个时代一项重要认知。这不仅包括回收品能再生成什么有价值的产品，它还包括处理它们的成本。所以，通过回收瓶瓶罐罐，我们兑现的不是瓶瓶罐罐的价值，而是如果不好好回收的话，要处理这些瓶瓶罐罐所需付出的代价。”[1]

与可回收垃圾处置相结合，生活空间废弃产品处理的责任及其交易，[2]不仅能使人类的生活居住空间更加舒适宜居，而且减轻了自然生态空间的负担。

2. 传统资源开发空间占用再生态化及其价值实现

传统上，“废弃矿山、工业遗址、古旧村落”被视为残值固定资产，“荒山荒地、黑臭水体、石漠化等”被视为不具有利用价值的土地或资源。针对这类资源资产，所谓生态产品价值实现机制，就是要实现“变废为宝”。用法学术语表达，就是通过更为复杂、有机的“赋权”机制来重建作为主体的人对生态环境的责任。自然资源部《关于探索利用市场化方式推进矿山生态修

---

〔1〕 韩咏梅：《看见回收的价值》，载联合早报网 2022 年 9 月 25 日，https：//www. zaobao. com/forum/views/story20220925 - 1316382。

〔2〕 此类似于比利时法语生态党（Ecolo）提出的生态税的“哲学”。它强调了可回收和可重复使用包装（以及相应渠道之间）之间的根本区别，并建议优先考虑预防和再利用（而不是回收）。对消费者而言，其就可回收垃圾的责任、义务是不能转移的。

复的意见》中规定："历史遗留矿山废弃国有建设用地修复后拟改为经营性建设用地的……也可将矿山生态修复方案、土地出让方案一并通过公开竞争方式确定同一修复主体和土地使用权人，并分别签订生态修复协议与土地出让合同。历史遗留矿山废弃国有建设用地修复后拟作为国有农用地的，可由市、县级人民政府或其授权部门以协议形式确定修复主体，双方签订国有农用地承包经营合同，从事种植业、林业、畜牧业或者渔业生产。"《关于建立健全生态产品价值实现机制的意见》规定："在具备条件的地区探索古屋贷等金融产品创新，以收储、托管等形式进行资本融资，用于周边生态环境系统整治、古屋拯救改造及乡村休闲旅游开发等。"

《关于建立健全生态产品价值实现机制的意见》规定，参与荒山荒地、石漠化综合整治的社会主体允许"利用一定比例的土地发展生态农业、生态旅游获取收益"。此等生态产品价值化实现机制有利于森林覆盖面积的扩大，有利于森林资源的增加。前文论及之古旧村落，实是衰败、废弃之传统自然村落。在森林转型视野下，自然村落的解体、消亡，逻辑上是其"经济增长路径"〔1〕的间接体现或结果。一方面，森林转型之"经济增长路径"是指经济增长创造非农就业机会使大量农村劳动力脱离农业，使劣质农地退耕、使部分耕地因此恢复为森林。另一方面，之所以说是其"间接体现"，乃是政策面上制度性实践多年来亦强调"引导重点生态功能区超载人口逐步有序转移"或"支持生态功能区人口逐步有序向城市化地区转移并定居落户"，目的是让这些地区"保护生态环境、提供生态产品"。但前文"依托"型生态产品价值实现模式，无论是原生态种养模式、与康养休闲融合发展的生态旅游，还是适度发展"数字经济、洁净医药、电子元器件等环境敏感型产业"，都缺不了人。因此，生态移民以及在城市化发展到一定程度后，人与乡村、人与森

〔1〕与之相对的是所谓"森林短缺路径"，是指社会对林木产品的需求增加，价格信号驱动人工林面积扩张。在我国，认为人工造林以及自然保护区等公共政策"往往是由环境和生态压力驱动"，也是森林短缺的体现。所以，2012 年之前 30 年我国经历的森林转型路径，可以采广义的"森林短缺路径"来解释——"包含社会对林木产品的需求增长和政策两方面的作用"。参见李秀彬、赵宇鸾：《森林转型、农地边际化与生态恢复》，载《中国人口·资源与环境》2011 年第 10 期。

林等自然生态系统的关系就有重新审视和再定位的必要。

二、资源开发利用过程中生态资源资产资本的价值实现

总体来说，《关于建立健全生态产品价值实现机制的意见》不涉及煤炭、石油、天然气、铁矿石等传统能源资源，以及水能、风能、太阳能等清洁能源新能源开发利用过程中生态资源资产资本的价值实现。结合前文提供的理论基础，本节将增补归纳为以下类型："传统资源开发中生态破坏治理及其价值实现""新能源开发实现的价值与生态资源价值的平衡""拟制的生态资源及其价值实现"等。

（一）传统资源开发中生态破坏治理及其价值实现

传统的化石能源和其他矿产的开发，其建设、勘探开采均无法避免对生态环境的影响和破坏；即便是因资源枯竭停止开展，地质破坏、采矿废弃物的堆积等，会对生态环境造成长期影响。《矿产资源法（修订草案）》（征求意见稿）第 34 条规定："国家建立矿区生态修复制度。""矿业权人应当履行生态修复义务，按照矿业权出让合同和矿产资源勘查方案、开采方案开展矿区生态修复工作，边生产、边修复。矿业权人的生态修复义务不因矿业权的灭失而免除。"我们注意到自然资源部《关于探索利用市场化方式推进矿山生态修复的意见》中还规定："正在开采的矿山将依法取得的存量建设用地修复为耕地及园地、林地、草地和其他农用地的，经验收合格后，腾退的建设用地指标可用于同一法人企业在省域范围内新采矿活动占用同地类的农用地。"

（二）新能源开发实现的价值与生态资源价值的平衡

林地中矿产开采、传统化石能源开发会造成森林资源的净损失。太阳能、风能等可再生能源发电是世界各国应对气候变化、推进能源革命的重要政策方向；新能源开发是对部分传统化石能源的替代，但与传统能源相比具有占

地面积更大的特点。[1] 以森林转型视野观之，保护森林资源的硬约束要求竭力避免新能源开发中森林资源净损失。在我国，一方面，在最大限度保护森林植被的前提下，太阳能、风能发电项目在总体上按不改变林地性质操作；另一方面，为遏制、减小清洁发电相关实体设施运营造成的局部环境影响，政策实践客观上、实质上拓展了森林资源的空间保护范围。[2]

国家林业和草原局《关于规范风电场项目建设使用林地的通知》（林资发〔2019〕17号）规定，各类自然保护地……“鸟类主要迁徙通道和迁徙地等区域……为风电场项目禁止建设区域”，“风电场建设应当节约集约使用林地……禁止占用天然乔木林（竹林）地、年降雨量400毫米以下区域的有林地、一级国家级公益林地和二级国家级公益林中的有林地”；“风电场施工和检修道路，应尽可能利用现有森林防火道路、林区道路、乡村道路等道路，在其基础上扩建的风电场道路原则上不得改变现有道路性质。风电场新建配套道路应与风电场一同办理使用林地手续（该通知的征求意见稿表述为：风电场新建配套道路应与风电场机组同时办理永久占用林地手续）……同步实施水土保持和恢复林业生产条件的措施……”根据《森林法》第37条的规定，各类工程建设确需占用林地的，应当经林业主管部门审核同意，办理林地转用建设用地手续。根据同条关于森林植被恢复费和林业主管部门相应的责任的规定，各类工程项目建设虽不会导致森林植被面积的减少，但至少会导致林地面积的减少。前述文件在保护森林植被方面的精神与《森林法》第37条是一致的，但也有一些差别，如对风电场项目建设使用林地要求：“同步实施水土保持和恢复林业生产条件的措施”——这在性质上属于特定于现场的缓解措施要求，且同步措施的责任主体是业主而非林业主管部门。然而，

---

〔1〕如云南省，仅“8+3”新能源建设项目中的20个风电项目的进场道路、场内道路等设施占用林地达6200公顷。此外，风电项目多位于山脊地段，属生态脆弱敏感区域，进场道路和支线道路建设多存在难以避让生态保护红线、天然林、公益林等敏感区域等问题，项目实施存在违反国家有关政策的风险。参见《关于政协云南省十二届五次会议第0370号提案会办意见的函》，载云南省林业和草原局网2022年7月19日，http://lcj.yn.gov.cn/html/2022/jianyitianbanli_0719/67077.html。

〔2〕如“禁止风电场建设于鸟类迁徙通道”，意味着特定情形下森林资源包括了其上一定空域。

在是否改变林地性质上，上述文件则与《森林法》第37条差异较大。风电场项目，一方面，明确“扩建的风电场道路原则上不得改变原有道路性质”，而点明的“现有森林防火道路”，明显属于《森林法》第52条之“林地上修筑的直接为林业生产服务的工程设施”（据该条：该类设施不超出标准“不需要办理建设用地审批手续”）；另一方面，“新建配套道路应与风电场一同办理使用林地手续”，正式文件仅明确要“办理使用林地手续”——（而）使用林地手续究竟是“永久”（《森林法》第37条）、“临时”（《森林法》第38条）和“直接”（《森林法》第52条）中的哪类，并不明确。

新能源开发总体上不改变林地的性质，这不是形式的法律定性而是要落实到具体的管理中。其核心思想是“森林生态资本的增值性或曰资本存量不减性”。这些政策实践还可以启发我们在法教义学层面论证和提出新的制度模式和机制。《土地管理法》肯定集体经营性建设用地与国有土地同等入市、同权同价；《民法典》第345条规定，“建设用地使用权可以在土地的地表、地上或者地下分别设立”。因此，在森林生态空间总体未受实质限制的前提下，可以考虑采分层设立建设用地使用权进行新能源开发。[1]

（三）拟制的生态资源及其价值实现

要素权益交易主要是指对于某一自然资源或环境要素的使用权益进行交易的机制，通常由政府确定权益或责任总量、发放权益并允许权益持有者相互交易。常见的包括碳排放权交易、排污权交易、用能权交易、水权交易、渔业资源配额交易等。要素权益交易模式的支付机制是市场机制，但是其制度供给主体是政府；政府责任分配为培育责任的市场交易创造了前提；交易双方就责任或配额进行交易，规避供给义务或换取消费权利。[2]

---

〔1〕我国“空间使用权分层模式”下的建设用途的空间使用权若要发挥实际功效，关键还在于确定各类（地表、地上空间、地下空间）建设用地使用权的“竖向界限”。1500千瓦风力发电机是我国的主流机型，塔筒高度65米、70米；风轮直径大多是77米左右（也有70米、82米、87米的）。因此，叶轮最低端距离地面的高度分别为26.5米、31.5米。乔木一般在6米至10米，且我国禁止占用天然乔木林（竹林）地进行风电场建设。

〔2〕参见谭荣：《生态产品的价值实现与治理机制创新》，载《中国土地》2021年第1期。

《关于建立健全生态产品价值实现机制的意见》中规定："推动生态资源权益交易。鼓励通过政府管控或设定限额，探索绿化增量责任指标交易、清水增量责任指标交易等方式，合法合规开展森林覆盖率等资源权益指标交易。健全碳排放权交易机制，探索碳汇权益交易试点。健全排污权有偿使用制度，拓展排污权交易的污染物交易种类和交易地区。探索建立用能权交易机制。探索在长江、黄河等重点流域创新完善水权交易机制。"《丽水市生态产品价值实现"十四五"规划》总结丽水的经验时提及："制定政府管控或限额设定制度，为开展绿化增量责任指标交易、清水增量责任指标交易、森林覆盖率等资源权益指标交易创造制度条件。积极融入全国碳交易市场，争取建设服务全省的区域性碳排放权交易市场。深化森林经营碳汇项目方法学研究，制定出台林业碳汇开发及交易管理办法。健全排污权有偿使用制度，拓展排污权交易的污染物交易种类和交易地区。完善用能权交易机制，探索建立生态产品与用水权、用能权、排污权、碳排放权等环境权益的兑换机制。"

第三节　生态产品价值实现机制中的法律机制

《森林法》第 28 条规定，"国家加强森林资源保护，发挥森林蓄水保土、调节气候、改善环境、维护生物多样性和提供林产品等多种功能"。第 6 条规定，"国家以培育稳定、健康、优质、高效的森林生态系统为目标，对公益林和商品林实行分类经营管理，突出主导功能，发挥多种功能，实现森林资源永续利用"。在话语指称上，在《森林法》中生态系统服务功能，或曰天然林之生态功能，或曰森林资源之生态功能，或曰森林生态系统之生态功能。森林资源，根据《森林法实施条例》第 2 条第 1 款的规定，"包括森林、林木、林地以及依托森林、林木、林地生存的野生动物、植物和微生物"。在此基础上，就森林资源中的森林、林地，《森林法》根据它们的用途进行了确定和划分。《森林法》第 83 条第 3 项规定："林地，是指县级以上人民政府规划确定的用于发展林业的土地。包括郁闭度 0.2 以上的乔木林地以及竹林地、灌木林地、疏林地、采伐迹地、火烧迹地、未成林造林地、苗圃地等。"森林，包括乔木林、竹林和国家特别规定的灌木林，根据《森林法》第83条第1项的规定，按照用途可以分为防护林、特种用途林、用材林、经济林和能源林。

一、"用途固化"与法律机制

森林转型的"直观的理由"可借助"生态系统功能服务"说明。其中生态系统的调节功能的价值，启发人们开发新的法律政策工具：以"设定生态产品供给目标或限定消费配额"的方式，通过政府管制形成可量化的责任，培育责任市场来实现激励。与此同时，生态环境法的规划乃至传统的民法物权，在法律运作机制层面具有可操作性的逻辑基点，都是"物"或资源之"用途"。与侧重积极用途之私法上的物权相对，保护用途借助规划也得到确立并成为国家公园等大型生态保护工具的基础。但颇值得玩味的是，一方面碳排放市场，尤其是强制的碳排放市场，至少目前并不允许一般的私主体参与购买国家分配给特定行业中各企业的排放配额；另一方面，尽管对农户"撂荒"行为在现行《农村土地承包法》中未置可否，但实践中并不承认"自然退耕"可视为生态退耕而获得合法性；[1] 未纳入保护范围之自然资源，私人能否出于公益目的（保护用途）而取得传统之积极用益为内容的物权，仍然充满激烈争议。[2] 而且，即使在立法认可的保护用途方面，国家公园等自然保护地内事实上也无法避免各别、个别之有历史或将来之合理依据的积极利用活动，更不完全排斥新修交通、旅游设施等以便满足公众获得生态体

---

〔1〕 2014年印发的《新一轮退耕还林还草总体方案》（发改西部〔2014〕1772号）对新一轮退耕还林还草范围提出明确要求。同时要求，将退耕还林范围落实到土地利用现状图上，做到实地与图上一致，不得擅自扩大退耕还林还草规模。新一轮退耕还林还草的实施对象必须为能够落实在第二次全国土地调查和年度变更调查成果现状图上的实际耕作地。自然退耕形成的林地按照有关政策不属于国家退耕还林还草范围。目前国家对于建设项目使用林地，只要按照法律规定办理相关手续即可，没有占补平衡的规定。因此，发展乡村振兴产业涉及林地转为建设用地的，应当依据《森林法》及其实施条例有关规定，经县级以上人民政府林业主管部门审核同意，依法办理建设用地审批手续。对于符合使用林地条件的乡村振兴产业项目，国家林草局将积极予以支持。参见《对十三届全国人大三次会议第8001号建议的答复》，载中国政府网2020年9月3日，http://gi.mnr.gov.cn/202010/t20201010_2563741.html。

〔2〕 参见姜晓群等：《美国公共放牧地管理政策演进的历史经验》，载《草业学报》2020年第11期。

验等文化服务需求。

上述问题增加了从法教义学层面进行思考和问题解决的难度。尽管如此，我们仍能从中悟出一些初步的道理或看到一些结论。碳排放配额及碳排放权的基础并不全是生态系统调节功能的法律表达，而是相关行业自身对于经济社会的贡献；通过碳市场发生的减排责任转移的对象范围有“内循环”的特征；允许其他私主体参与碳排放交易，客观上会损害这些行业向社会提供相关产品的能力甚至危及经济社会安全。“撂荒”而自然退耕，虽然不被承认是可获补偿的“退耕还林”，但若自行砍伐自己耕地上自然生长的林木，却又可能构成犯罪。[1] 与其他建设一样，生态文明建设下的生态修复、生态保护，也伴随有一系列设施的建设。这些设施建设，在生态资源基础上与资源结合会形成生态资产、生态资本，从而有助于生态产品的价值实现。

如果仍然用“用途”这一客观的、人们更易把握的术语来理解上述判断结论，我们会发现为增强人类对气候变化的各类危机的适应性，基于“土地用途管制”的功能配置更加固定化了——单纯的保护用途并不具有绝对的价值优先性。有了这一洞见，我们也可以从这个角度看待何以我国要用生态产品价值实现来替代生态系统服务付费（PES）。PES 是“一种关于土地管理的价值交换，旨在提供或确保生态系统服务”。传统的 PES 主要针对的是调节服务，涉及按照契约内容改变土地使用方式，例如：清洁发展机制（CDM 机

---

[1] 2012 年 12 月至 2015 年 2 月，申诉人陈某以种植茶树为目的，在未办理林木采伐手续的情况下，陆续砍伐林木。经技术鉴定，采伐的林木活立木蓄积为 41.685 立方米。2015 年 3 月 21 日，陈某被云南省景谷县森林公安局刑事拘留，同年 4 月 3 日被景谷县森林公安局取保候审。2015 年 6 月 4 日，景谷县人民检察院指控陈某犯滥伐林木罪，向景谷县人民法院提起公诉。庭审中，陈某对公诉机关指控的事实无异议，但辩称自己砍伐的林木不属于国有林，自己有林地经营权证，不属于滥伐，不构成犯罪。经向县档案馆、镇农业服务中心、村委会核查，景谷县人民法院无法证实陈某的合法经营权，对其辩解理由不予采信。鉴于陈某到案后如实供述犯罪事实，景谷县人民法院对其从轻处罚，以滥伐林木罪判处陈某有期徒刑一年，缓刑一年零六个月，并处罚金人民币 5000 元。陈某不服，向普洱市中级人民法院提出上诉。普洱市中级人民法院经审理，裁定驳回陈某上诉，维持原判。陈某仍不服，多次向有关部门反映情况。2020 年 10 月，陈某向普洱市人民检察院提出申诉，认为其行为只是在自己承包的农耕地上清理杂木、杂草，而非在国有林地滥伐林木，不构成滥伐林木罪。参见《检察听证典型案例（第二批）案例——云南陈某刑事申诉案》，载最高人民检察院网 2021 年 6 月 10 日，https://www.spp.gov.cn/spp/xwfbh/wsfbh/202106/t20210610_521102.shtml。

制）下，产品供给方将原来种植粮食等农作物的土地改为种植林木，生产碳汇。强调“用途固定”，这确实是一个重大变化。顺着这一变化，法律机制上应该有三条路径值得探索：一是通过分层建设用地使用权，形式上改变了土地的用途，但涉及耕地、林地等生态系统功能及其用途的，没有发生改变。二是地役权制度，供役地和需役地各自的用途均没发生变化，但供役地提供的便利或保护用途有助于生态产品的价值实现——并在二者间形成 PES 关系。三是国家公园、自然保护区等的设立以保护用途或曰生态用途为主，但并不绝对排斥对自然资源的积极利用进而形成以“豁免”为基础的“权利”类别。总体而言，这三条路径的核心是“权利—责任”机制，以此来平衡经济社会发展需求、生态空间争议与生态系统承载能力的关系。围绕生态产品价值实现，本章集中讨论这一法律机制，并为后续探讨三条路径开辟道路。

二、权利—责任机制的适用范围和特点

本章归纳了三大类六种生态资源资产资本价值，即生态产品价值实现类型，除“生态空间之独特、优势生态资源及其价值实现”“新能源开发实现的价值与生态资源价值的平衡”外[1]，其他四种均可归属于或有运用“权利—责任”模式的可能。它们的特点如下。

一是国家或政府角色、权力具有生成“权利 + 责任”机能。

“传统资源开发空间占用再生态化及其价值实现”中，在责任主体灭失或不明的情况下，体现为国家对修复历史遗留废弃矿山的责任担当；“传统资源开发中生态破坏治理及其价值实现”中，体现为各级政府及其部门矿业权之出让处分权；在“生活空间废弃产品处理中的责任交易”中体现为政府废弃产品回收责任的定价权；在“拟制的生态资源及其价值实现”中体现为政府

[1] 它们也会遵循特定的责任原理。在“生态空间之独特、优势生态资源及其价值实现”中，其生态保护修复责任首先是国家的责任，而且首要责任不能通过市场化方式转移给私主体承担。在“新能源开发实现的价值与生态资源价值的平衡”中，开发行为导致的生态破坏当然由开发者承担修复责任，但是这并不一定意味着对生态空间的“权利—责任”也要因此全部转移给新能源的开发者。

管控或限额设定以及分配。

二是在责任的实现方面，具有基于客体的可转换性或在不同主体间的可交易性。

前文《自然资源部关于探索利用市场化方式推进矿山生态修复的意见》中，“正在开采的矿山将依法取得的存量建设用地修复为耕地及园地、林地、草地和其他农用地的，经验收合格后，腾退的建设用地指标可用于同一法人企业在省域范围内新采矿活动占用同地类的农用地”，说明在“传统资源开发中生态环境保护及其价值实现”的“权利—责任”机制中，可以有基于客体的转换性。此外的其他三种类型，权利或责任可以在主体之间发生转移，直接成为交易对象。

三是这一模式具有给主体赋权的性质，其责任是“某种可期待之物”。

本来也可将前文国家权力生成“权利 + 责任”机能理解为赋权。但是，这与传统环境法之总额控制制度基础上的分配没什么差别，是一种单纯的“国家计划”或“行政许可”。因此，应当认为责任的可转换性、可交易性才具有赋权性质。显然，这里的责任，既不是传统上侧重违法评价和惩罚科责上的责任也不是凯恩意义上的预期责任，[1] 而更趋近韦斯利·霍菲尔德权利理论中的责任，即“某种可期待之物”。

三、霍菲尔德的权利理论与生态法教义学

（一）霍菲尔德的法律关系理论中的责任

美国法学家霍菲尔德（Hohfeld）的抱负是：“要为弄清楚诸种纷繁复杂的法律现象的本质（essential nature）提供最基本的认识工具，也就是一些根

---

〔1〕 皮特·凯恩认为，常说的法律责任不仅包括违背第一性环境义务而应当承担否定性后果的“过去责任”，还包括一种“预期责任”。“预期责任”是面向未来的义务和职责，具体可分为利益增进的“建设性责任”（指生成积极结果的责任）和“预防性责任”（指防止不作为而造成灾难性后果的责任），以及损益规避的“保护性责任”（指防止不当行为造成损害的责任）。参见［澳］皮特·凯恩：《法律与道德中的责任》，罗李华译，商务印书馆2008年版，第49～55页。

本的概念、范畴和思维形式。”以《司法推理中应用的基本法律概念》（*Some Fundamental Legal Conceptions as Applied in Judicial Reasoning*）两篇同名论文，霍菲尔德于1913年和1917年在《耶鲁法学杂志》对广义的权利—义务概念进行了较系统的逻辑分析，提出了四对八个严格的基本法律关系概念。这四对法律关系概念，有法律上的相关物与对立物之别——“‘霍菲尔德相关’是不同主体的逻辑相关，‘霍菲尔德对立’则是同一主体的逻辑对立”。

因此，这四对法律关系会因相关与对立关系的不同，呈现不同组合（见表1）。

表1　霍菲尔德：司法推理中应用的基本法律概念

两个主体间的相关关系	权利（claim rights）	特权（privilege）	权力（power）	豁免（immunity）
	义务（duty）	无权利（no－rights）	责任（liability）	无权力（disability）
就特定主体的排斥关系	权利（claim rights）	特权（privilege）	权力（power）	豁免（immunity）
	无权利（no－rights）	义务（duty）	无权力（disability）	责任（liability）

方法论上，霍菲尔德的“着眼于一些‘法律元语言’——法教义学的一些后设语言”，阐释其对法律关系的理解；正如霍菲尔德所言，“如果文章的标题暗示该文是对法律和法律关系的本质进行纯哲学的研究——多少以讨论本身作为目的，则请允许作者先否认这种含义”[1]。因此，霍菲尔德理论的生命力在于，通过“解剖”的方式让我们重新审视在日常的法言法语中使用的术语的精确含义的组成部分和内容；其创造性则在于，通过对语言实践的考查发现需要重视的法律现象并对其进行精准定位。

在理论与实践中，责任或法律责任概念同样需要这种洗礼。比如，在刑

〔1〕熊静波：《法律“最小公分母”的证成——一个化简为繁的法律关系理论的内在逻辑及其意义》，载《法制与社会发展》2019年第3期。

法学或侵权责任法领域可共用的三阶层体系中，作为法律后果的法律责任具有霍菲尔德狭义的权利之“请求权”的性质，但此请求权或后果法律责任的成立还需要满足其他条件——其部分条件在部门法教义学中以“有责性”概括之。然“有责性”的内容实际上是霍菲尔德“权力”内涵中包括的“（责任）能力、主观上的过错”等内容。因此，霍菲尔德的理论具有证成或说明传统法教义学之理论构造是否具有科学性的能力。然而，正如哈特力图证明惩罚并不必然是法的构成要素一样，责任也不一定最后要归结为具有强制执行力的责任或请求权——也就是说，责任的概念在实效性上也可单独成立。问题的困难性在于，霍菲尔德重点是从权利、特权、权力、豁免的对应物上来定义权利、特权、权力、豁免，而对义务、无权利、责任、无权力等不进行定义。就责任而言，其仅系通过在以行为导致的法律关系的发生、变更的权力基础上相应主体对之的承受来理解的。幸运的是，霍菲尔德更重视以例示的方式指出相关法律关系的责任性质，这给我们提供了机会。这些有限的例子如下所述。

其一，“代理”关系建立的实质是将权力（power）授予了代理人，同时创造了被代理人的责任（liability），因为在代理中代理人可以通过自己的行为创设被代理人与他人的法律关系。

其二，在合同法中，假设 A 向 B 发出要约出卖他的土地，这一事实就为 B 创造一种法律权力（power），为 A 则创造了相关的责任（liability）。因为 B 可以通过承诺在 A 与 B 之间创设一种合同关系，而 A 则必须承受这一合同关系。

其三，霍菲尔德还列举了公共服务领域的例子。一位旅游者就具有一种权力（power），他通过请求，就可以将一种义务（duty）加在了客栈老板身上，客栈老板必须收旅游者为客。在旅游者请求之前，客栈老板具有一种承受旅游者通过请求而创设的法律关系的责任（liability）。但客栈老板可以通过“歇业”的方式取消这种责任。霍菲尔德特别强调在旅游者请求之前，客栈老板所承受的是责任（liability）而不是义务（duty）。

其四，霍菲尔德举了一个例子，如在 Booth v. Commonwealth 案中，法院引用弗吉尼亚州法规时说："所有年满 21 岁不满 60 岁的白人都有责任（liable）做陪审员。"很明显，这一法规设定的是责任（liability）而不是义务（duty）。但这是一种承担可能产生的义务的责任（it is a liability to have a duty created）。做陪审员的义务只是在法院工作人员运用自己的权力而指定某人做陪审员时才产生。在此之前某人所具有的只是一种责任。

其五，动产所有权人具有一种权力（power）可以"抛弃"其所有权，那么此举便授予所有其他人通过占有取得该动产所有权的法律权力——当然，还需有必要的主观意思。那么此动产遭抛弃前，承担"责任"者并非所有权人，而是除所有权人之外的一切其他人，而此责任之内容则是一项前所未有的法律权力（取得该动产所有权）从天而降。

（二）霍菲尔德法律关系理论中责任概念的突破

在霍菲尔德法律关系理论中，权力与责任之间存在相关关系并在逻辑上权力先于责任。一般认为，对"权力"的具象可在部门法教义学中从特定的法律行为（如缔结合同中的承诺）树立，但这可能带来错觉。在上述其三和其四中的例子，旅游者请求住店、法院工作人员运用自己的权力而指定某人做陪审员等，也表现为一种法律行为。但从维持霍菲尔德法律关系理论严谨性出发，这些行为本身不应被视为处在"权力—责任"关系中，而应处于狭义的"权利（请求权）—义务"关系中。这里被遮蔽的是，霍菲尔德事实上在所举例中并没有言明"权力—责任"中的"权力"。本书认为，所举例中的权力（power）实为涉及公共领域时国家权力对责任的分配（如将陪审员的担当分配给 21 岁不满 60 岁的白人），而责任（liability）确实可理解为相关主体对这种分配的承受。

前文述及霍菲尔德法律关系理论的生命力挖掘问题。其实，还有一个面向值得开拓，就是法学界历来讨论和关注的权利本位抑或义务本位问题。从中国传统法系义务为本位的普遍认知出发，有论者在霍菲尔德权利—义务、特权—无权利、权力—责任、豁免—无权力四组相关关系上，增补了"义务—权利"和"责任—权利"两对关系。并以这六对关系作为分析工具，试图全景式呈现中国古代法权力、义务、责任优先的图景。[1] 这确实深化、推进了我们对中国古代法的认知。但是，通过对增补的两对关系例示的考察，笔者认为，论者并未严格遵循霍菲尔德理论相关关系的“逻辑”。理由在于：论者之“义务—权利”“责任—权利”并非全是两个主体之间的关系，同时，示例中它们指向的行为内容也不具有同一性。比如，在唐朝“缴纳租庸调（义务）—接受官方授田（权利）”中，这里的“缴纳租庸调”“接受官方授田”，显然是就同一主体的义务权利而言的，并且是两个不一样的行为。不过，论者套用霍菲尔德理论出现的这一偏差，对于我们突破霍菲尔德理论提供了一个很好的机会。一方面，这一关系隐含了中国古代皇权与民众之间特殊的“契约”关系，即皇权单方主导的对当[2]关系落实在臣民一方所要负担的义务、要履行的责任与具有的权利的平衡。另一方面，在臣民“缴纳租庸调—接受官方授田”中，细节上我们还注意到：尽管不能完全履行“缴纳租庸调”义务的当事人（户主等）都要受到法定处罚，但人民的土地权利并不因此会被剥夺；人民土地权利的剥夺丧失不会以法律后果的形式出现在这一关系中，而仅会因触犯“十恶”重罪对抗统治时才会有这种可能性。故在这一关系中，准确的定位应是“缴纳租庸调（责任）—接受官方授田（权利）”。

这一关系及其实例，对我们进一步廓清前述生态产品价值实现这“权利—责任”法律机制同样意义重大。我国早在 2006 年 1 月 1 日起废除了农业税。从现实来看，上述关系形式上仅剩下一半。那么缺失的前半部分是否需要其他内容来填补，比如，能否说农民“有种地、种树的责任”，乃至“有生态保护的责任”？如果仍是必要的，那么是否应当法定化？同时，观念上是“责任—权利”还是“权利—责任”？正如前文所述，现行《农村土地承包

---

[1] 参见张中秋：《论传统中国的法律关系》，载《政法论坛》2018 年第 2 期。

[2] 中国传统法具有身份性，但同时也有“对当性”。后者“显示在孔子的一句简单的话里：君君，臣臣，父父，子子。其中的‘君君、臣臣’体现为君使臣以礼，臣事君以忠……就是强调君不可强横，臣不可愚忠，因为二者都是逾礼的行为。”总之，中国传统法文化“强调了人民与权威者之间的相互、对当的关系。”参见张伟仁：《中国法文化的起源、发展和特点》（上），载《中外法学》2010 年第 6 期。

法》对农户“弃耕抛荒”行为未置可否。但是该法第42条规定：“承包方不得单方解除土地经营权流转合同，但受让方有下列情形之一的除外：（一）擅自改变土地的农业用途；（二）弃耕抛荒连续两年以上；（三）给土地造成严重损害或者严重破坏土地生态环境；（四）其他严重违约行为。”第64条规定：“土地经营权人擅自改变土地的农业用途、弃耕抛荒连续两年以上、给土地造成严重损害或者严重破坏土地生态环境，承包方在合理期限内不解除土地经营权流转合同的，发包方有权要求终止土地经营权流转合同。土地经营权人对土地和土地生态环境造成的损害应当予以赔偿。”一方面，我们在论理意义上认为获得土地初始分配的农户承担的是“弱的”种地、种树和保护生态责任；另一方面，农民对土地权利的稳固性却不断被强调：“保持土地承包关系稳定并长久不变，第二轮土地承包到期后再延长三十年。”这二者间存在悖论，尽管后者可以从前述中国传统国家与人民在土地的关系上得到理解，但“种地、种树和生态保护责任”之“弱”确实不能回避。笔者认为，霍菲尔德的理论中“权力—责任”间权力的主导性仍然值得重视。在保障农民底线土地权利的基础上，国家权力有巨大的运作空间，如目前高标准农田建设中的“小田变大田”，以及是否能进行生态退耕以及生态退耕范围的确定等——换言之，农民在经济社会发展的不同阶段，主动或被动地承受着有关土地的变迁。值得重视的是，因“权利—责任”机制里责任具有可转换性、可交易性，当前农地“三权”分置改革及其实践，也能起到克服“弱的”种地、种树和保护生态责任的效果。

（三）权利和责任的平衡

从霍菲尔德法律关系理论中，我们获得的突破性认知是：国家权力单方主导的“权力—责任”关系，落实在私主体一方内部则是其权利与责任之间要平衡。

在“传统资源开发中生态环境保护及其价值实现”中，这种平衡就是人们常说的生态破坏引起的生态修复成本的内部化——表现为“边生产（权利）、边修复（责任）”；“传统资源开发空间占用再生态化及其价值实现”

中，通过协议“赋权”机制来重建作为主体的人对生态环境的责任——实际表现是先承担责任再享有权利。

当然，这种权利与责任的平衡也可以从内部拓展到外部，从（社会）总体的角度来理解。“生活空间废弃产品处理中的责任交易”体现为退回饮料瓶罐有权要求退回押金，不退回而由别人退回则发生责任转移。按一定的标准获得的碳排放责任配额，特定企业有权在生产中消费使用，且当实际消费额低于分配额时，其可以出售碳排放权；若因扩大生产等原因需要消费超额的碳排放时，则需要向外购买碳排放权。出售或购买碳排放权，在国家科学设定的总碳排放额范围内均发生了减排责任的实际转移和总体减排效果的达致。

第三章　我国并网光伏供用地模式研究——以“林光互补”为中心*

为增强人类应对气候危机适应性，我国光伏等新能源开发供用地政策进入新的调整期。其中，复合项目“规范用地用林用草”成为核心之关注点。面对光伏等新能源开发中出现的诸般乱象、问题和困惑，若欲持续强化项目运行中农用地属性及其规则之实效性，则包括光伏阵列区在内之现有供用地模式便有“变轨”“合轨”之必要。《民法典》、《土地管理法》及新修订的《土地管理法实施条例》中“分层建设用地使用权”和“集体经营性建设用地入市”等规定，为我国并网光伏供用地模式变革提供了制度条件；在厘清、解决问题和供用地模式选择对接上，“林光互补”光伏复合项目具有典范意义——能为新的法律原则生成、稳定，“承担加强的服务、供给和批判功能”、为系统性构建并网光伏供用地模式提供理论基础。

第一节　“林光互补”项目的典型性

以区域禁建、限建以及占用禁止为前提，太阳能发电站光伏组件阵列区所使用之特定耕地、林地，在农用地之法律属性与项目建成后土地现状上，

* 本章研究获得云南省教育厅科学研究基金项目资助，项目名称：森林生态资源资产化与林权结构研究（2021J0183）。

都不应或不能被视为改变了原用地性质、管理方式。[1] 从这一判断出发，复合项目之阵列区农用地使用规则为“严禁硬化地面、破坏耕作层”“严禁抛荒、撂荒”。然而，即便系在未利用地上建设之地面光伏项目，亦有“不占压土地、不改变地表形态”之规则要求——后者与光伏复合项目“不硬化地面、破坏耕作层”并无本质不同；而且，与地面光伏项目一样，光伏复合项目也被认为“原有地类不变、未改变土地用途”。

农光互补最早来源于格茨贝格尔（Goetzberger）等在 1982 年提出的太阳能转化和作物种植可以共存（coexistence）的想法；[2] 过了约 30 年，这一想法才被法国农业科学研究院（INRA）的杜普拉兹（Dupraz）等概念化。[3] 研究发现，光伏板遮挡阳光会降低作物产量，同时“减少了蒸腾作用”并可能“提高水利用效率”；最终作物产量是否能增加，则取决于“需要选择合适的作物品种，如生菜等喜阴作物”。农光互补的基础做法为：为避免对农作物造成过度遮挡，将太阳能集热器提高到地面上方 2 米并增加它们之间的间距——结果是，这些光伏系统只占用 1/3 的土地和光照资源。[4] 据此，一般认为利用农用地复合建设的光伏发电项目不同于地面光伏，须满足特定的建设标准。根据《关于支持光伏扶贫和规范光伏发电产业用地的意见》（国土资规〔2017〕8 号，已失效[5]，以下简称国土资规 8 号文）的要求，河北、天津、云南等省规定：“光伏复合项目，架设在一般耕地或其他农用地上的光伏方阵用地，（要）满足光伏组件最低沿高于地面 2.5 米、高于最高水位 0.6

---

〔1〕 自然资源部办公厅、国家林业和草原局办公室、国家能源局综合司《关于支持光伏发电产业发展规范用地用林用草管理有关工作的通知》（征求意见稿）。参见《严控耕地！自然资源部发文：农用地占比不得超 50%》，载搜狐网 2022 年 6 月 24 日，https：//www. sohu. com/a/560649539_ 595960。

〔2〕 See Goetzberger A. , et al. , *On the coexistence of solar – energy conversion and plant cultivation*, International Journal of Solar Energy, Vol. 1：1，p. 55 – 69（1982）.

〔3〕 参见陈健、王玲俊：《农光互补的研究综述及展望》，载《江苏农业科学》2022 年第 5 期。

〔4〕 参见王玲俊、陈健：《光伏与农业结合的相关研究综述》，载《安徽农业科学》2021 年第 18 期。

〔5〕 因载有“本文件自下发之日起执行，有效期五年”的规定，国土资源部、国务院扶贫办、国家能源局《关于支持光伏扶贫和规范光伏发电产业用地的意见》（国土资规〔2017〕8 号）目前已自动失效。

米，桩基间列间距大于4米，行间距大于6.5米的架设要求。”这些规定，从技术的角度局部廓清了光伏复合项目的认定标准。

但上述光伏复合项目的建设标准强调的是纵向太阳能资源的利用——而对横向的、光伏阵列区之外的太阳能资源分配关注度不够。[1] 无论何种类型的太阳能发电项目，追求的都是对光伏阵列区上方光照资源的优先性使用——障碍物遮挡会形成“热斑效应”[2] 并影响光伏发电效率和电站安全。与农渔等狭义“农光互补”复合项目不同，“林光互补”模式项目从选址建设到投产运营，都要受制于现状既有林木（如后述之灌木“覆盖度”）及其生长的持续影响——应予以避让而不能一律砍伐。为完成自身光合作用，既存林木需要获得独立的太阳能资源分配；为达到投资建设要求，光伏电站阵列区要避开树木以免产生“热斑效应”并实现发电目的。由此，“林光互补”项目的光伏阵列区在获得了相对独立性的同时亦令其使用林地之法律属性判断可被清晰化。整体上，获得正解的“林光互补”光伏复合项目能够避免“农光互补”下到底是以“农”为主还是以“光”为主这一似是而非的问题。

本章在系统梳理现行央地政策文件的基础上，从更具模型意义的“林光互补”光伏复合项目出发，在法学上论证、选择、建构光伏用地“瓶颈”的解决方案。同时，鉴于在新能源开发迅猛发展背景下相关问题的紧迫性，本章就更为复杂的潜在认知判断不讳言已预设了基本事实前提和立场，包括但不限于以下几个方面：（1）遏制全球变暖需要增强人类应对气候危机的适应性——气候危机已经是现在时，浪费不起；（2）全球气候变暖，其生态反馈机制是全球绿化——但只有森林转型才是人类经验可倚恃的；（3）可以采取

---

〔1〕 山东省规定，“桩基列间距应大于4米、行间距应大于10米”。10米的行间距要求明显体现和强调了阵列区之内的横向太阳能资源分配。尽管如此，其仍无法顾及光伏阵列区之外太阳能资源的分配。

〔2〕 某组件会因遮挡而带负电压，相当于负载，随着热耗的增加将产生大量的热量，形成局部热点，即热斑效应。参见赵争鸣等：《大容量并网光伏电站技术综述》，载《电力系统自动化》2011年第12期。

法教义学立场对政策进行分析，并在政策分析的基础上回归法教义学[1]——而不仅是律师的“实用”法政策学。

第二节　“林光互补”项目有关政策文件适用条件的变迁

利用农用地复合建设的光伏发电项目在2017年9月25日发布的国土资规8号文中得到正式承认。该文件要求“变电站及运行管理中心、集电线路杆塔基础”“光伏方阵、采用直埋电缆方式敷设的集电线路”“场内道路”等实行用地差异化管理，并规定：“省级能源、国土资源主管部门商同级有关部门，在保障农用地可持续利用的前提下，研究提出本地区光伏复合项目建设要求（含光伏方阵架设高度）、认定标准，并明确监管措施。”

“林光互补”模式的光伏复合项目事实上早于一般的光伏复合项目而在政策层面受到肯定。2015年9月18日国土资源部、国家发展和改革委员会、科技部、工业和信息化部、住房和城乡建设部、商务部发布的《关于支持新产业新业态发展促进大众创业万众创新用地的意见》（国土资规〔2015〕5号，以下简称国土资规5号文）是第一份利用差别化用地政策支持光伏、风力发电的文件。对于使用戈壁、荒漠、荒草地等“未利用土地”的，就“不占压土地、不改变地表形态”的用地部分，可按原地类认定“不改变土地用途”。与此文件相适应，2015年11月27日国家林业局发布的《关于光伏电站建设使用林地有关问题的通知》（林资发〔2015〕153号，以下简称153号文）中规定，对于森林资源调查确定为宜林地[2]而第二次全国土地调查确定为未利

〔1〕 法教义学“作为法史和法政策经验的守护者……当新的法律原则生成和稳定之时，其承担加强的服务、供给和批判功能”。参见［德］伯恩德·吕特斯：《法官法影响下的法教义学和法政策学》，季红明译，载《北航法律评论》2015年第00期。

〔2〕 根据原《林地分类》（LY/T 1812—2009），宜林地是指县级以上人民政府规划的宜林荒山荒地、宜林沙荒地和其他宜林地。宜林荒山地是指未达到上述有林地、疏林地、灌木林地、未成林造林地标准，规划为林地的荒地荒山、荒（海）滩、荒沟、荒地等；宜林沙荒地是指未达到上述有林地、疏林地、灌木林地、未成林造林地标准，造林可以成活，规划为林地的固定或流动沙地（丘）、有明显沙化趋势的土地等；其他宜林地是指除以上两条以外的用于发展林业的其他土地。

用地的土地，应采用“林光互补”用地模式，“林光互补”模式光伏电站要确保使用的宜林地不改变林地性质。但是，国土资规5号文还规定：“对建设占用农用地的，所有用地部分均应按建设用地管理”；根据《森林法实施条例》和《土地管理法》的规定，林地中的“县级以上人民政府规划的宜林地”，当然也是农用地。故而，宜林地上建设光伏电站应采“林光互补”模式，形式上又与国土资规5号文其他内容存在冲突。这种冲突，受制于特定历史时期自然资源管理体制的不统一。《森林法》第27条规定，“国家建立森林资源调查监测制度，对全国森林资源现状及变化情况进行调查、监测和评价，并定期公布”。自然资源部、国家林业和草原局《关于共同做好森林、草原、湿地调查监测工作的意见》（自然资发〔2022〕5号）明确规定：“根据《深化党和国家机构改革方案》和自然资源部、国家林草局‘三定’规定，森林、草原、湿地等自然资源调查职责整合至自然资源部，国家林草局负责森林、草原、湿地动态监测工作。”该意见强调：“森林、草原、湿地调查监测每年开展一次”，并以第三次全国国土调查及上年度国土变更调查形成的林地、草地、湿地地类图斑为工作范围。根据《森林法》第83条的规定，《森林法》中已经没有宜林地的概念。另据《第三次全国国土调查技术规程》所载“第三次全国国土调查工作分类与‘三大类’对照表”，《土地管理法》中未利用地对应的地类是“其他草地、河流水面、湖泊水面、沿海滩涂、内陆滩涂、沼泽地、冰川及永久积雪、盐碱地、沙地、裸土地、裸岩石砾地”。

因此，153号文所肯定的宜林地上建设光伏电站的“林光互补”模式光伏复合项目已丧失适用的条件和基础。不过，153号文中还规定：“光伏电站的电池组件阵列禁止使用有林地、疏林地、未成林造林地、采伐迹地、火烧迹地，以及年降雨量400毫米以下区域覆盖度高于30%的灌木林地和年降雨量400毫米以上区域覆盖度高于50%的灌木林地”。据此，“林光互补”光伏复合项目还可使用以下两种情形的灌木林地：一是年降雨量400毫米以下区域覆盖度低于30%的灌木林地；二是年降雨量400毫米以上区域覆盖度低于

50%的灌木林地。[1] 不过，如此判断仍然存在一些疑问。首先，灌木林地要达到的最低灌木覆盖度不一。“林业部门的标准从1994年的技术规定开始，从原来的40%调减至了30%而农业和国土部门的标准一直维持40%未变。”[2] 此种状况在2020年11月发布的《国土空间调查、规划、用途管制用地用海分类指南（试行）》（以下简称《国土空间分类指南》）中体现为：灌木林地指“灌木覆盖度≥40%的林地，不包括灌丛沼泽（指以灌木植物为优势群落、覆盖度≥40%的淡水沼泽）”；灌木覆盖度<40%的灌丛草地，属于草地。其次，灌木覆盖度在30%或40%以上，才能在森林清查、调查或国土调查时确定为属于灌木林地。那么，谓光伏阵列“可使用年降雨量400毫米以下区域覆盖度低于30%的灌木林地”，就是没有意义的——直言之，覆盖度低于30%就不是灌木林地而是其他类型的土地了。最后，结合153号文和前述应统一适用的《国土空间分类指南》，对于光伏阵列可以使用的林地的范围，似乎只剩下年降雨量400毫米以上区域覆盖度低于50%并大于等于40%的灌木林地了。

从目前地方的实践来看，光伏复合项目使用林地仍遵循的是153号文的精神（使用宜林地的除外）。[3] 在加强以耕地为中心之国土空间用途管制的背景下，该文件及各地的实践确实有重新审视的必要。然而，153号文所体现的超越灌木林地形式定义的实质逻辑，在保障和促进新能源发展的同时，显然更有利于稳定、促进森林转型。换言之，153号文中的灌木林地，粗略地说就是生长有灌木的土地。《国土空间分类指南》中，灌木林地恪守的仍是“按照资源利用的主导方式”划分地类这一原则——灌木覆盖度<40%的，则是灌丛草地。光伏阵列对生境的改变同时更有利于杂草的生长。为正常发电以及从森林草原防火的客观要求出发，在光伏阵列区进行植被定期修剪、除去

---

〔1〕参见云南省林业厅《关于规范光伏电站建设使用林地的通知》（云林林政〔2016〕17号，已失效）。

〔2〕曾伟生、刘四海：《关于灌木林地划分标准的思考》，载《中南林业调查规划》2018年第4期。

〔3〕参见云南省林业和草原局、云南省能源局《关于进一步规范光伏复合项目使用林草地有关事项的通知》（云林规〔2021〕5号）。

杂草等是光伏电站运营必要的工作。一言以蔽之，此类光伏复合项目，在运营期间若按草地进行生态保护视角的行政管理，没有必要也没有太大的价值(项目建设和植被恢复期除外)。另外，按草地管理“林光互补”光伏复合项目，目前中央层面并无相关政策文件。并且，在草原监管职责划转到新组建的各级林业和草原局后，各级林草部门侧重从林业角度管理“林光互补”光伏复合项目，也不会出现政策不统一问题。当然，153号文中的“灌木林地就是生长有灌木的土地”并不是没有下限——使用植被覆盖度≤5%的沙地、裸土地，裸岩石砾地、盐碱地等未利用地，不必纳入光伏复合项目的管理之下。153号文中灌木林地覆盖度的上限，据《国土空间分类指南》同时也应作出相应的调整。即年降雨量400毫米以上区域建设光伏电站，可以使用“覆盖度低于50%的灌木林地”应调整为“覆盖度低于40%的灌木林地”。[1] 本来，在“植被稀少的陆域自然荒野”建设光伏电站，若按153号文，当荒野具备宜林地性质则应采用“林光互补”用地模式。现在看来，未利用地上的太阳能电站，性质上应属于狭义的地面光伏而非复合光伏项目——且正如前文所述，153号文的这一内容已丧失适用条件和基础。尽管如此，“未利用地上建设的是地面光伏电站”这一判断，并不排斥业主在“沙地、裸土地、裸岩石砾地、盐碱地”上，提高建设标准自主采用“林光互补”的模式建设、运营复合光伏电站——如为保护光伏发电站的安全，在光伏阵列区周围植树造林以防风固沙。[2]

---

〔1〕 2022年6月15日《关于支持光伏发电产业发展规范用地用林用草管理有关工作的通知》(征求意见稿)中规定：“实行光伏复合项目用地差别化管理。利用农用地复合建设的光伏发电项目不得占用耕地和林地，在此基础上积极探索‘农光互补’的有效途径。使用农用地不超过项目总用地面积的50%……”使用农用地不超过50%的占比，其具体根据不得而知。根据本书，电池组件阵列使用的应是覆盖度低于40%的灌木林地，不过考虑到尚涉及直接占用林地的情形(如变电站、集电线路塔基变电站及运行管理中心等)，故总体规定光伏复合项目“使用农用地不超过项目总用地面积的50%”是合理的。

〔2〕 参见殷仁豪：《“双碳”背景下新能源基地规划发展趋势》，载《上海节能》2022年第3期。

第三节　光伏复合项目农用地使用的性质

对于林业光伏复合项目，业主选址时首要考虑是否有符合条件的林间空间可以铺设光伏组件；项目建设及建成后，政策面关注的是地表及地表以上、光伏板以下之土地空间属性及其利用。但问题之真正逻辑起点乃是“太阳能发电项目，追求的都是对光伏阵列上方太阳能资源的优先乃至垄断性使用”。虽是可再生能源，但太阳能在地球表面宏观尺度上分布不均，微观层面上光伏电站选址也会受到山体走势（东西向还是南北向等）、地貌特征（如地面植被覆盖的类型和状况）、地形（如坡度等）及其朝向（南坡 > 东南坡 > 西南坡 > 东坡 > 西坡，而北坡背阴日照时间短）等的影响。[1] 在理论猜想上，处于受更为复杂的能源危机影响的时代，既然传统的化石能源的稀缺性确立了资源的国家所有权、探矿权、采矿权及相关的建设用地使用权等物权，那么，作为对传统化石能源的替代，受空间状况限制的光伏等新能源的经营开发似乎没有理由不建立自身的产权体系，如是否应承认包括太阳能在内的“气候资源为国家所有”这一前提。[2] 有地方性政策规定：“光伏资源开发经营年限上限设为25年，经营期满由县级人民政府收回资源开发权并重新组织资源利用开发。坚持市场化配置资源，通过公开、公平竞争方式确定项目业主。竞配方案应包括……产业带动、其他利益分配方式等内容。”光伏资源的授予、收回乃至利益分配，如政府作为招标方参与项目电费和碳收益分成等，都间接肯定了太阳能资源系国家所有之权益，政府可以授权开发并分享开发收益。

不过，若仍按光伏阵列用地以租赁为主的用地模式，则上述地方性实践可能会与现行法不协调乃至存在相冲突之处。光伏用地租赁模式源于国土资规5号文，但其仅适用于未利用地上的地面光伏。153号文明确：“采用‘林

[1] 参见《山地光伏电站选址应注意的事项》，载北极星太阳能光伏网2016年3月25日，https://guangfu.bjx.com.cn/news/20160325/719514.shtml。

[2] 参见周悦霖：《风电开发中权利冲突的解决思路探讨》，载《清华法治论衡》2014年第3期。

光互补’用地模式的，电池组件阵列在施工期按临时占用林地办理使用林地手续，运营期双方可以签订补偿协议，通过租赁等方式使用林地。”就对153号文体系的、逻辑的解释看，这一内容不仅适用于拟使用土地同时是宜林地和未利用地的情形，就布设于灌木林地上的复合项目光伏阵列，也可采租赁用地方式。自此，中央层面再无文件规定光伏复合项目租赁用地方式。不过，一方面，海南、云南等省则对包括农光互补、渔光互补等在内的光伏复合项目已明确“用地可以租赁等方式取得”；另一方面，没有规定“用地可以租赁等方式取得”的省份，项目业主实践中则可按《农村土地承包法》《民法典》有关土地流转的规定（仍以土地租赁为主）解决复合光伏项目阵列区的用地问题。总之，光伏阵列用地以租赁农用地为主，已成为实践中通行模式。但是，根据《民法典》第705条第1款的规定，“租赁期限不得超过二十年。超过二十年的，超过部分无效”。如此，“光伏资源开发经营年限上限设为25年”就与现行法不协调。2022年2月9日修改的宁夏回族自治区人民政府办公厅《关于规范新能源产业用地的通知》（宁政办发〔2015〕108号）与云南省的规定具有一定相似性。其修改前的内容是：“光伏发电等新能源项目建设用地的使用年限确定为25年，电池组件和列阵用地由项目单位与农村集体经济组织或原土地使用者可签订合同期限为25年的租赁或土地承包协议。在批准的使用年限届满，土地使用者需要继续使用土地的，应当于届满前1年申请续期。”修改后的内容为：“光伏发电等新能源项目建设用地的使用年限确定为25年，光伏方阵用地可由项目单位与农村集体经济组织或原土地使用者租赁或承包使用。在批准的使用年限届满，土地使用者需要继续使用土地的，应当于届满前1年申请续期。”对比“新能源项目建设用地的使用年限确定为25年”前后规定之变迁，地方政策制定者的窘迫、无奈与勉为其难显露无遗。同时也令研究者颇费思量。

通常，“晶硅光伏组件的使用寿命一般为20～25年”[1]，“新型钙钛矿光

---

〔1〕 张建文等：《退役晶硅光伏组件回收技术研究进展》，载《矿冶工程》2022年第3期。

伏电池”寿命可以达到30年。[1]“光伏资源开发权”或曰“新能源项目建设用地使用（权）”，它们权利存续期均受制于光伏组件的使用寿命，项目业主也是借此进行投资回报核算的。在概念上，光伏资源开发权与“水能资源开发利用权”有一定相似性。[2] 通过招标等市场化方式取得开发权并推行有偿使用制度，是它们的共同趋势——水力发电也可有条件地适用《可再生能源法》第13条第3款规定：“建设应当取得行政许可的可再生能源并网发电项目，有多人申请同一项目许可的，应当依法通过招标确定被许可人。”[3] 新能源项目建设用地使用（权）这一概念，就前引宁夏文件的整体内容来讲，初看起来似乎让人费解。在先权利的原土地使用者之权利——一般是“土地承包经营权”或“土地经营权”，如何就能通过土地流转产生出“建设土地使用（权）”？另外，我们还可注意到，前引宁夏文件内容出现在其对国土资规5号文、国土资规8号文杂糅重述、重申之后，不知是对所有光伏项目都适用，还是仅适用于国土资规5号文中的未利用地之外的地面光伏。但从前引宁夏文件内容所处的位置来看，其处于整段内容的结尾部分，似不论光伏项目建于何种类型的土地上，都应予以适用。

如果我们以2022年3月24日云南省人民政府印发《关于加快光伏发电发展若干政策措施的通知》作为中心文本，其“光伏资源开发权”这一“创造性”概念建立在对上位法“可再生能源开发利用者的合法权益”这一术语的改造以及对他省地方性立法中“水能资源开发利用权”的习用。《立法法》第93条第6款规定：“没有法律、行政法规、地方性法规的依据，地方政府规章不得设定减损公民、法人和其他组织权利或者增加其义务的规范。”地方性规章中“光伏资源开发权”如欲成为有效的法律概念，首先，其要满足《立法法》第93条之最低度条件。其次，其冠以权利之名所体现的“创造

---

[1] See Zhao X., et al., *Accelerated aging of all - inorganic, interface - stabilized perovskite solar cells*, Science, Vol. 377: 6603, p. 307 - 310 (2022).

[2] 参见王明远：《我国水能资源开发利用权制度研究》，载《中州学刊》2010年第2期。

[3] 《可再生能源法》第13条第2款规定，建设可再生能源并网发电项目，应当依照法律和国务院的规定取得行政许可或者报送备案。

性”，在符合经济学上的帕累托最优（Pareto Optimality）的同时，尚需在法教义学上能被置入既存的权利概念框架中，[1] 借此获得“合法性”并保证法律制度的统一、稳定（参见《立法法》第 14 条）。问题的困难性在于，尽管已有个别地方性法规宣称太阳能等“气候资源为国家所有”[2]，但因舆论和理论上反对声音较大，[3] 目前其还难以作为“光伏资源开发权”的母权。进而，便无法肯定“光伏资源开发权”的他物权属性。若仍遵循上位法，目前看来只存在与光伏资源开发（者）有关的法益或曰“合法权益”[4]，还难以成立权利形态的“光伏资源开发权”。

如果以 2022 年 2 月 9 日修改的前引宁夏文件作为文本中心，细读下我们会发现，其“光伏发电等新能源项目建设用地的使用年限确定为 25 年”没有表述为“光伏发电等新能源项目建设用地使用权的年限确定为 25 年”。这一煞费苦心的做法明显受制于国土资规 5 号文、国土资规 8 号文等上位文件文本提供的选项以及征收为国有后方能设立建设土地使用权等既有路径的束缚。“新能源项目建设用地的使用”这一表述，是一个事实表述而非具有规范属性的法概念。同时正如前文所述，该文件内容杂糅让人费解。但是，若我们注意到新《土地管理法》肯定集体经营性建设用地与国有土地同等入市、同权同价，并且考虑《民法典》第 345 条“建设用地使用权可以在土地的地表、地上或者地下分别设立”，则前引宁夏文件的隐晦规定就可挑明直接规定为“光伏发电等新能源项目建设用地使用权的年限确定为 25 年”。故而，倘以依现行法已建构起的统一的建设用地使用权为观念基础，不仅光伏复合项目的“变电站及运行管理中心、集电线路杆塔基础用地”要按（地表）建设用地管理——不必考虑土地征收但应有土地补偿，而且，即便维持现状土地承包经营乃至可能已有的土地流转关系不变，就（直接）“利用（在）农用地

[1] 参见［德］卡尔·拉伦茨：《法学方法论》，陈爱娥译，商务印书馆 2003 年版，第 316 页。

[2] 参见《黑龙江省气候资源探测和保护条例》第 7 条第 1 款。

[3] 参见张璐：《气候资源国家所有之辩》，载《法学》2012 年第 7 期。

[4] 参见孙山：《未上升为权利的法益——合理使用的性质界定及立法建议》，载《知识产权》2010 年第 3 期。

（上方）布设的光伏方阵”，作为土地所有者的集体经济组织亦可同时为光伏项目开发者设立集体经营性（地上）建设用地使用权。

事物的发展，就是要经历否定之否定过程——国土资规5号文这一首份规范光伏发展的国家级文件，又重回我们的视线。其本就明言：（复合光伏项目）“建设占用农用地的，所有用地部分均应按建设用地管理”。

第四节 “林光互补”光伏复合项目建设用地使用权的确立

灌木通常高度小于6米，[1] 较大为3~4.5米[2]，大多在1~3米，冠幅约在2~3米[3]。“光伏组件最低沿高于地面2.5米”的建设标准要求，在理想状态下无法满足板下所有灌木的生长之高度需求。不过同时我们可以注意到，实践中我国对灌木林高度的下限没有规定。联合国粮农组织（FAO）对灌木的定义为“多年生木本植物，一般在成熟期高度大于0.5米而小于5米，并且没有单一的主干和明显的树冠”[4]（另外，FAO灌木林地的覆盖度标准为10%，显著低于前述我国标准30%或40%）。从该定义看，小于FAO的最低阈值标准0.5米的要求的小灌木不作为灌木林看待。我国欠缺对灌木生长高度下限规定，一方面与特殊的植被分布国情有关，如青藏高原“矮小灌木通常高度不超过30厘米”[5]；另一方面也与森林覆盖率的计算及其便利有关——自1973年以来，考虑森林覆盖率的计算公式时就包括了灌木林地。就本章而言，“场内植被以草坪、花卉及低矮灌木为主的限制性”[6]，这一光伏

---

[1] 参见蓝志福：《闽南地区草花的应用现状与发展对策》，福建农林大学2010年硕士学位论文，第44页。

[2] 麦合木提·哈德尔、牙合甫·阿里甫：《绿色植物在园林景观的设计与应用》，载《现代园艺》2014年第16期。

[3] 李彬洋：《东北农业大学风环境模拟与景观改造》，东北农业大学2018年硕士学位论文，第24页。

[4] FAO. FRA2020：Terms and Definitions. Rome：Food and Agriculture Organization of the United Nations，2018.

[5] 刘务林、[美] 乔治·B. 夏勒：《野牦牛的分布和现状》，载《西藏科技》2003年第11期。

[6] 姚娜等：《光伏电场水土保持措施配置初探——以郧西县光伏发电工程为例》，载《亚热带水土保持》2014年第1期。

电站营运中的做法暗合了我国历来的制度性实践传统：即使生长的只是包括小灌木在内的低矮灌木林，也可被承认为属于灌木林地。按照“一物一权”原则，理论上只有在同一块土地的地表、地上、地下分别成为“独立物”的情况下，土地所有权人才能在地表、地上、地下分层设立建设用地使用权。[1]与理论要求相合，法律上建设用地使用权设立时，则应当明确“建筑物、构筑物及其附属设施占用的空间”。如前文所述，“林光互补”模式项目从选址到投产运营，都要受制于现状既有林木（如所谓灌木“覆盖度”）及其生长的持续影响。由此，便确立了光伏组建阵列区之集体经营性（地上）建设用地使用权的“横向界限”——“横向界限”会表现为一条带状空地区域以避免相互遮挡兼防火需要。学者指出，我国“空间使用权分层模式”下的建设用途的空间使用权若要发挥实际功效，关键还在于确定各类（地表、地上空间、地下空间）建设用地使用权的“竖向界限”。[2]结合前文分析，这一问题对于“林光互补”光伏项目来说解决起来反而相对容易，即光伏板下“以草坪、花卉及低矮灌木为主”的植被状况，令“光伏组件最低沿高于地面2.5米”的“光伏组建阵列区之集体经营性（地上）建设用地使用权”不仅本身是明确化的，而且使这一“竖向界限”的划分具有实践上的可行性。

《民法典》第346条是关于分层设立建设用地使用权的原则的规定。该条要求：“设立建设用地使用权，应当符合节约资源、保护生态环境的要求，遵守法律、行政法规关于土地用途的规定，不得损害已经设立的用益物权。”可以不夸张地说，“林光互补”复合项目设立的光伏方阵（地上）建设用地使用权是制度臻于完善的体现，能全面贯彻《民法典》第346条之精神。前述可使用的林地范围，横、纵向上太阳能资源的分配体现了“节约资源、保护生态环境的要求”；电站建设时植被恢复的强调、项目运营中以（灌）林木得以生长为核心进行的土地管理，遵守了“法律、行政法规关于土地用途的规定”。按本章的观点，若仍“维持现状土地承包经营乃至可能已有的土地流转

---

〔1〕参见房绍坤：《民法典用益物权规范的修正与创设》，载《法商研究》2020年第4期。

〔2〕参见张鹏：《民法典视野下建设用地使用权分层设立制度的实施路径》，载《法学家》2020年第6期。

关系不变”而设立光伏阵列区“集体经营性（地上）建设用地使用权”，还满足了“不得损害已经设立的用益物权”这一条件并符合物权之间的优先效力规则。

维持现状土地上已有法律关系不变，尚有一个特别需要重视的实质问题需要论及以便补强我们的结论：资金、技术密集型的“林光互补”光伏项目是否能够改变板下林业经营的劳动密集型特征？

《关于进一步促进浙江省地面光伏电站健康发展的通知》（征求意见稿）在光伏组件高度、间距等建设标准基础上，着眼于复合项目中“农”的具体实现而值得高度赞赏地作了以下规定：“光伏方阵下方可进行机械化农作物耕作。”然而，这一内容，在《关于促进浙江省新能源高质量发展的实施意见（修改稿）》中，虽得到保留但同时被增补为：“利用山地等不具备机械化作业条建设地面光伏电站的，可适当降低标准。”这说明，与狭义的“农光互补”项目不同，技术进步导向下光伏板下（农）林业集约化经营是有限度和特殊条件的。事实上，光伏板下的林业经营，与集体林权改革后一直提倡的林下经济本质上并没有什么不同——而林下经济更适合作为小农的林农直接经营。[1] 更进一步说，即便光伏项目的日常营运智能化值得期待，受山林地复杂的地形地貌所限制，光伏板的清洗维护、板下及周遭草木的修剪等，对人力需求反而进一步增加了。在本章建构的光伏项目建设用地管理模式的制度细节上，修剪自然生长的草木属于将光伏阵列（地上）建设用地作为“需役地”，林农享有经营权的板下林地作为“供役地”，系由林农为项目业主所设立的“地役权”之范围。按照地役权的一般原理，供役地人一般不承担作为义务。[2] 虽光伏电站的建设客观上改善了用水、用电、交通等林业经营条件，虽林农在行使林地经营权时，须接受光伏板下“不得种植、培育乔木树种等”[3] 地役权之负担，然而，林农没有义务基于项目业主的利益，主动积

[1] 谢嗣强、杨爱华：《林权流转主导模式与制度创新》，载《林业经济问题》2015 年第 6 期。

[2] 参见朱广新：《地役权概念的体系性解读》，载《法学研究》2007 年第 4 期。

[3] 张蓉等：《云南省并网光伏电站建设使用林地现状及影响分析》，载《林业建设》2014 年第 6 期。

极地对板下自然生长之野草杂木进行修剪——从孤立的法律关系上看，此等事项需要项目业主通过聘用、雇用人工来完成。山地光伏地处偏远，“场址一般远离城市和交通主干道”[1]，光伏电站运营过程中修剪草木等“简单劳动”对年轻人吸引力有限。我国已进入劳动力短缺的时代。设立“集体经营性（地上）建设用地使用权”而仍“维持现状土地承包经营乃至可能已有的土地流转关系不变”，意味着林农既是光伏阵列下林地经营权的主人，同时可能条件下又能被光伏项目业主所雇用——进而以双重身份从事内容有重叠的工作。乐于以两种身份付出实际劳动获取双重收益的人，不应为语词所累实则指向农村中同样一批具有劳动精神的人群。制度设计上保障他们的利益是必要且不能忽略的。更为深刻的是，出于生计经济理性考虑，他们作为土地的“主人”会更充分地保护和利用资源、更细致地善待土地，少用农药除草而甘愿付出劳动以避免对林地中灌木——包括为林业经营自己栽种的（低矮）灌木经济林——的伤害。

第五节　在光伏资源开发中融入集体经营性建设用地管理

2021年7月2日修订发布的《土地管理法实施条例》在“建设用地”章中专节规定了“集体经营性建设用地管理”。在依法控制用地规模，促进土地节约集约基础上，该条例第37条第1款要求“国土空间规划应当统筹并合理安排集体经营性建设用地布局和用途”。根据《土地管理法》第63条所界定的入市条件基础，该条例第38条则明确了有偿使用集体经营性建设用地的原则。第39条至第42条主要是集体经营性建设用地入市的程序性规定，包括：自然资源主管部门提出规划条件和相关要求；根据规划条件和相关要求，土地所有权人编制出让、出租方案；土地所有权人以“招、拍、挂”或协议等方式确定土地使用者，双方在签订合同后向自然资源主管部门备案；土地使用者依约支付土地价款、依法缴纳税费和办理不动产登记。最后，其第43条

---

〔1〕 李天军：《山地光伏电站施工难点分析》，载《建材与装饰》2016年第5期。

则规定了“出让等方式取得的集体经营性建设用地使用权”，在二级市场上进行物权性处分的方式及其具体要求。从上述规定来看，《土地管理法实施条例》已经搭建起较为完备的“集体经营性建设用地管理”的体系、体制和机制，“增强了制度的配套性和操作性”。[1] 光伏等新能源开发执行的一些政策措施、做法及流程，若通过与这一体系体制机制进行双向嵌入、融合改造，将有助于解决项目开展过程中曾出现、新出现的各种乱象和问题。

首先，与《土地管理法实施条例》第37条相对应，云南的政策实践表现为“发挥规划统筹和引领作用，将光伏发电项目及配套接网工程统一纳入国土空间规划，搭建省级统一管理的项目库……未入库项目各州、市不得开发建设”。其次，该条例第39条和第40条“自然资源主管部门提出规划条件和相关要求”“土地所有权人编制的土地出让、出租方案”等与政府新能源开发开招标中之“竞配方案”，也存在融合的空间和条件。然而，在光伏等新能源开发的新一轮热潮中，政府、资方是主导和主角，分散性的农民等虽为实有资源方，却成为被动方、配角。这一空缺结构，给中间方[2]获取超额利益以巨大的运作空间——从倒卖“路条”（光伏备案文件）到现在日益流行的“转租（光伏用地）”赚取差价。[3] 短期看，通过所谓掌握“资源”的中间人运作，或可加速相关项目的开工上马，但“日益高涨的用地成本，与光伏组件涨价等因素共同作用”，会减弱项目推进过程中投资方开工投产的意愿。预期收益减少和财务负担增加，强行开工上马则又会增加项目失败停摆的风险。更言之，即便项目进展顺利，对于政府后期、长期的社会治理，也会带来不利影响。

不仅“变电站及运行管理中心、集电线路杆塔基础用地等”涉及农用地实际占用部分的用地按集体经营性建设用地入市的制度架构进行，而且，光

---

〔1〕 参见常江：《完善集体经营性建设用地入市法律制度——新〈土地管理法实施条例〉系列解读之五》，载《资源与人居环境》2022年第2期。

〔2〕 令人无语的是，光伏业者之“行话”反而将“中间方”冠之为名实混淆的“资源方”。

〔3〕 参见《新能源大时代，土地正成为资源被“中间方”高价转租!》，载中国能源网2022年7月6日，https://www.china5e.com/news/news-1137145-0.html。

伏阵列区对林地等的使用需求，倘放弃目前土地流转、租赁的做法，也如是操作——差别仅在于是否办理农用地转用，在事实且法律上减少中间环节、灰色地带。根据《土地管理法实施条例》第41条由光伏项目业主与土地所有人直接对接，[1] 则目前日益成为流弊的、埋藏隐患的光伏用地倒卖转租将丧失生存空间和土壤。[2] 我们注意到《土地管理法》《土地管理法实施条例》就集体土地的所有权人设立集体经营性建设用地使用权——一级市场规定的是“出让、出租等”，但仅就“‘出让等’方式规定取得的集体经营性建设用地使用权”，可以在二级市场依法转让、互换、出资、赠与或者抵押。这说明两个问题：一是集体土地所有者通过出租而非出让方式设立的集体经营性建设用地使用权，其物权属性不明或被有意弱化。二是在二级市场上，因为《土地管理法》《土地管理法实施条例》规定的“依法转让、互换、出资、赠与或者抵押”都是物权性处分行为，[3] 因此，即便在二级市场也可出租，但后手通过租赁获得的“集体经营性建设用地使用权”，也只是债权性质的。因

---

[1] 《土地管理法实施条例》第41条规定，土地所有权人应当依据集体经营性建设用地出让、出租等方案，以招标、拍卖、挂牌或者协议等方式确定土地使用者，双方应当签订书面合同，载明土地界址、面积、用途、规划条件、使用期限、交易价款支付、交地时间和开工竣工期限、产业准入和生态环境保护要求，约定提前收回的条件、补偿方式、土地使用权届满续期和地上建筑物、构筑物等附着物处理方式，以及违约责任和解决争议的方法等，并报市、县人民政府自然资源主管部门备案。未依法将规划条件、产业准入和生态环境保护要求纳入合同的，合同无效；造成损失的，依法承担民事责任。合同示范文本由国务院自然资源主管部门制定。

[2] 以《土地管理法》有关规定为基础，从降低光伏项目业主与土地所有人之间的缔约成本和正确处理内外部法律关系出发，《土地管理法实施条例》第40条只在土地所有权人与市、县人民政府的关系上明确了村民会议或村民代表同意表示同意的途径和方式，以及集体经营性建设用地出让、出租等方案在内容上的限制。《土地管理法》第63条第2款规定：“前款规定的集体经营性建设用地出让、出租等，应当经本集体经济组织成员的村民会议三分之二以上成员或者三分之二以上村民代表的同意。”《土地管理法实施条例》第40条第1款规定：“土地所有权人应当依据规划条件、产业准入和生态环境保护要求等，编制集体经营性建设用地出让、出租等方案，并依照《土地管理法》第六十三条的规定，由本集体经济组织形成书面意见，在出让、出租前不少于十个工作日报市、县人民政府。市、县人民政府认为该方案不符合规划条件或者产业准入和生态环境保护要求等的，应当在收到方案后五个工作日内提出修改意见。土地所有权人应当按照市、县人民政府的意见进行修改。”

[3] 参见丁关良：《土地承包经营权流转主要方式之法律性质研究述评》，载《山东农业大学学报（社会科学版）》2008年第4期。

此，考虑转租的法律效果的限制性——或许有“先租后让”等的制度演化潜力，可一言以蔽之：在集体经营性建设用地入市中，租赁都将不再是主导模式。通过租赁（或四荒地承包）非集体经济组织成员所取得的土地经营权，经由“三权”分置等技术处理，却可以是物权性的。初看起来，循《农村土地承包法》流转土地取得光伏阵列用地的使用权，光伏项目的投资者权利获取方便且还会有一以贯之的物权性保障——因而乐于接受并采用此种方式。故而，对取得项目用地（地上）建设用地使用权，可能存在光伏项目的资本方动机不足之问题。但一方面，由于欠缺“社会资源”，光伏项目的投资方会沦为土地转租之高价“接盘侠”地位。另一方面，这种路径的政策误区在于：认为光伏项目的业主有能力成为“林光互补”光伏项目中的林业经营者，能够在光伏发电效益和林业经营收益间作出平衡。这两方面，都会令“林光互补”光伏复合项目陷入非经济性、效率低下之陷阱。地方政府和光伏项目的资方，应当对此有清晰认知，摆脱路径依赖、改弦易辙。

第六节 结 语

光伏发电项目有分布式和集中式之分。根据利用的屋顶资源不同，“用户侧自发自用多余电量上网”的分布式光伏又存在户用光伏、工商业光伏等形式。集中式光伏系“所发电能直接输送电网、电网统配向用户供电”，并集中建设于边际耕地、边际林地等农用地，以及荒漠、盐碱地等未利用地上。集中式光伏项目包括“林光”“（狭义）农光”等复合光伏、地面光伏等类型。[1] 其中，“林光互补”光伏复合项目具有典型性。由此，事关我国光伏发电事业发展的以下三点结构性认知，便能得以形成。

首先，本章“‘林光互补’的光伏复合项目应采（集体经营性）建设用地供用地模式”这一结论，处于根据民法学之物权学说关于“物”之基础理

---

〔1〕 实践中，与利用屋顶资源建设的分布式光伏相对，集中式光伏也被称为“地面光伏”。本书中，认为利用未利用地的才属于地面光伏。利用耕地、林地的，属于光伏复合项目。特此说明。

论所形成的类型系列中。[1] 就“户用光伏、工商业光伏”而言，其光伏组件等设施是建筑物的附属设备，宜被认为是建筑物之“成分”而不是“独立的物”；地面光伏，若不按复合项目的标准建设，则是荒漠等未利用地的附属设施，也不宜有“独立物”之地位。对于光伏复合项目中之（狭义）“农光互补”项目，尽管本章承认其光伏阵列区可以设立集体经营性（地上）建设用地使用权，但其与板下之耕地承包经营权，在各自是独立物前提下宜被认为系主物与从物的关系——据此，就要适用《民法典》第320条、第631条之规则。本章重点讨论的“林光互补”复合项目，在林地承包经营权与所设立之集体经营性（地上）建设用地使用权间，虽然二者仍均是独立物，但没有主、从物区隔之需要和适用《民法典》第320条之必要。正如前述：由此获得正解的“林光互补”光伏复合项目，能够避免一般“农光互补”光伏项目到底是以“农”为主还是以“光”为主这一似是而非的问题。

其次，由“电网国有”“厂网分开”“管住中间、放开两头”等我国电力体制及其改革核心特征决定，就应当承认光伏等新能源发电企业拥有可直接处置的、对含建设用地使用权在内所有发电资产的财产权。换言之，在诸如未完全实现“厂网分开”的国家（如美国），其发电设施和远距离输电系统供用地一体采地役权性质的公共土地上的通行权（Rights－of－Way on Public Lands）模式，就对我国没有借鉴意义。[2]

最后，须指出本章上述之结论尚建立在森林转型这一趋势及其要求之上——“森林转型”具体体现为“森林覆盖面积、覆盖率之稳定及持续增长”。换言之，若认为灌木覆盖率为5%～40%的土地是草地而不是“灌木林地”——从而其对森林覆盖率潜在贡献可以忽略不计，则本章有关结论及其旨意无立锥之地，是为具文也。

---

〔1〕 参见崔建远：《物权法》（第5版），中国人民大学出版社2021年版，第29～36页。

〔2〕 《联邦土地管理法案》第五章的许可证（公共土地上的通行权）可“授权可再生能源发电，主要是风能和太阳能设施，以及旨在将清洁能源从怀俄明州和内华达州等资源中心输送到加利福尼亚州等人口中心的主要输电线”。See Pidot J. R., Peterson E. A., *Conservation Rights－of－Way on Public Lands*, UC Davis L. Rev, Vol. 55: 89, 2021.

第四章　林业生产（服务）设施的基础属性及其价值实现*

在生态产品价值实现中，林业生产（服务）设施处于重要地位，是生态旅游等业态发展的关键节点。然其不是林权的独立客体，不能被切割式单独处分，其价值不能单独实现。新《森林法》对林业生产（服务）设施类型的规定、《农村土地承包法》对设施建设的规定，为林业生产（服务）设施地役权化提供了内容、奠定了逻辑基础。林业生产设施地役权化的实现，须以公共性最强设施之兴建、维持为突破口。地役权化的林业生产（服务）设施，与传统民法学说中的地役权差异之处在于：设施的“物象”更为明显；具有对供役地和需役地的双重从属性；地役权设施“所有权”的取得，更多与责任或相关义务之承担有关，并以此不同于建设用地使用权。获致的上述判断，理论上能沟通法学与其他学科之间的联系，实践上能回应生态产品价值实现、农村“三变”改革等之要求。

第一节　林业生产（服务）设施的定义问题及其类型和特点

在林业领域中，林业生产（服务）设施——林业行政许可中称为“直接为林业生产服务的工程设施”（参见《森林法实施条例》第18条），目前在

* 本章研究获得云南省教育厅科学研究基金项目资助，项目名称：森林生态资源资产化与林权结构研究（2021J0183）。

学术研究上仍是一个被遮蔽于林业基础设施[1]、林业固定资产[2]等下被严重忽略的概念。为抑制、控制林地占用，阻止定居性、非森林资源性利用等活动，林业生产（服务）设施恰又是被《森林法实施条例》、新《森林法》明文肯定的、有特定内容的法律概念。作为制度上唯一被认可，属林业生产条件具历史正当性而利用森林空间的人工物，实务也显示：林业生产（服务）设施的兴建和维持，对林业经营和林业发展（乃至林业或其他多部门行政执法、森林资源资产管理[3]）有重大、深刻的影响。随着经济社会情势的变迁，是否多元化、规模化经营林业是决定林业生产是否具有效益的重要因素。一方面，我国林业生产（服务）设施历史欠账较多，适应保育、合理利用森林资源、保障生态安全的设施（更是）严重不足。另一方面，从生态产品价值实现角度出发，满足人们美好生活需要的森林休憩、森林生态旅游、森林康养等新业态的发展，[4] 须以“直接为林业生产服务的工程设施”为媒介才能达到对森林空间非排他性之利用。[5]

更需注意的是，即使借由林权流转而规模化经营者，就投资兴建之林业生产（服务）设施，其自身价值也无从单独实现。[6] 在林权流转意愿减弱、趋势减缓背景下，[7] 为继续深化集体林权改革，促进生态产品价值实现，秉“由内观外之法治观”，需要认真思考林业生产（服务）设施的基础法律属性，回归民事法在现行制度内寻得森林生态产品价值实现路径。

---

〔1〕 张立英等：《林业基础设施功能与类别研究》，载《林业经济问题》2020 年第 5 期。

〔2〕 李树生、韩春明：《西部林业投资状况分析——1994 至 2003 年西部林业固定资产投资分析》，载《首都经济贸易大学学报》2005 年第 4 期。

〔3〕 参见黄传响、崔秋华：《林地管理成效分析及对策研究》，载《四川林业科技》2020 年第 5 期。

〔4〕 参见宋维明、杨超：《1949 年以来林业产业结构、空间布局及其演变机制》，载《林业经济》2020 年第 6 期。

〔5〕 参见林春亮、张俊豪：《森林旅游业工程设施用地能否视为直接为林业生产服务用地》，载《新疆林业》2010 年第 2 期。

〔6〕 参见杨爱华、谢嗣强：《森林资产流转中资源所有者的法律地位探究》，载《林业经济》2015 年第 6 期。

〔7〕 参见马雨晶：《集体林权制度改革监测项目最新结果发布》，载《中国绿色时报》2019 年 12 月 5 日，第 A1、A2 版。

一、“林业生产（服务）设施”的“名”与“义”

根据新《森林法》第52条（该条处于第六章“经营管理”中），林业生产（服务）设施系“直接为林业生产服务的工程设施”（该条“项”中的表述）或“直接为林业生产经营服务的工程设施”（该条“款”中的表述）。一部法律的同一个条文之不同款项，对关键性概念进行了有出入的不同表述（后者较之前者，增加了“经营”一词）。熟悉林业的人，或许知道森林经营涵盖的就是从林木抚育、采伐更新、护林防火、生物多样性保护，到林副初级产品利用等一系列活动——在林业内部林业生产与森林经营并无差别。当然，我们也可以从林业产业化维度，我们可以得出一个广义的、不限于建在林地上的林业生产（服务）设施的概念。

上述理解均存在局限性。忽略了“生产”与“服务”间的关系，模糊了“直接”表达的真实含义，同时均难免会不当限缩其内容——致其不能涵括本可包含的“林业旅游、生态服务”设施。[1] 故而，广狭义的林业生产（服务）设施都不足取。在生态产品价值实现的维度上，[2] 本章术语使用仍择“直接为林业生产服务的工程设施”并将其简称为林业生产（服务）设施——包括林业生产设施和部分林业服务设施。二者分别指涉为生产木材、森林浆果坚果等林产品，提供“旅游休憩、健康休养、文化产品等依托自然资源开展的精神文化服务”，而不视为改变林地用途而在林地上建设的各种配套设施。[3]

二、林业生产（服务）设施的类型

2019年新《森林法》在行政法规性质的《森林法实施条例》第18条基础上，以专条（第52条）形式扩充规定了7种林业生产（服务）设施——其

---

〔1〕 参见张立英等：《林业基础设施功能与类别研究》，载《林业经济问题》2020年第5期。
〔2〕 参见张林波、虞慧怡、李岱青等：《生态产品内涵与其价值实现途径》，载《农业机械学报》2019年第6期。
〔3〕 参见林宣：《四部门联合发文促进森林康养产业发展》，载《绿色中国》2019年第4期。

中第7项规定的就是“其他直接为林业生产服务的工程设施”。

在林业生产（服务）设施的定义问题，如“直接”的准确法律意义为何，我们改用法解释学上类型系列的方法，兼顾林业生产的规律，对在林地上直接建设的设施重新从学理上整理归纳出以下七种类型：一是传统林业型，包括集材道、运材道、贮存木材的设施等。二是设施林业型，包括培育、生产种子、苗木的设施，贮存种子、苗木的设施等。三是林政设施型（或曰林业管理型），包括木材检疫、野生动植物保护、护林设施等。四是林业安全设施型，包括防火巡护道，森林防火、林业有害生物防治设施等。五是森林生态康养、自然生态旅游类型，包括林业科研、科普教育设施，森林步道等。六是林业设施运行的保障设施，包括供水、供电、供热、供气、通讯基础设施等。七是其他直接为林业生产服务的设施，包括农林用劳动工（机）具、农资存放设施、林业生产者从事林业生产必需的食宿和管理设施等。

首先，鉴于设施林业型在法律上更多地受《种子法》的调整，即经营者的行为更多地受制于“种子经营许可证”而非林权证（实践中常存在同时也允许利用基本农田之外的耕地进行林木种子生产经营），故本章对其不做重点讨论。

其次，“其他直接为林业生产服务的工程设施”可以容纳、罗列哪些，在解释论上是一个问题。诚如林地的上位概念是农用地一样，我国林业生产（服务）设施的上位概念是“直接为农业生产服务的生产设施”〔1〕。因此，“其他直接为林业生产服务的工程设施”中的“其他”是有边界的，不能逾越“直接为农业生产服务的生产设施”〔2〕的范围。另外，对“其他直接为林业生产服务的工程设施”中“其他”的进一步界定还要接受“阻止定居性、非森林资源性利用活动”这一实质要求的制约。〔3〕

〔1〕 参见《耕地占用税法》第12条第3款。

〔2〕 参见《耕地占用税法实施办法》第26条。

〔3〕 因此，直接为农业生产服务的生产设施中的“畜禽养殖设施”就不能在一般意义上视为“其他直接为林业生产服务的工程设施”，但“农林用劳动工（机）具、农资存放设施、林业生产者从事林业生产必需的食宿和管理设施”，则可以视为“其他直接为林业生产服务的工程设施”。

最后，这七种类型中的林政设施型设施，如系林业主管部门基于林业行政的需要而兴建的，则其客体上便明显不属于直接林业生产经营设施——其不是林农之林地承包经营权、森林经营单位之林业经营权之对象。继而带启发性的问题尚有：林业科研、科普教育、森林步道等林业服务设施，常为社会资本、资金基于森林康养、自然旅游或生物多样性保护等公益目的而兴建，这些外部投资者，是否只有经林权流转成为林权拥有者后，才能作为“修筑直接为林业生产服务的工程设施占用林地行政许可”申请人？[1]

三、林业生产（服务）设施的特点

（一）设施使用上：其客观上具有多用途性、多功能性

即便如林政设施，其可以是野生动物保护站，同时可承担传统的木材检查站、检疫站功能，甚至还可以是森林防火设施设备的库房。

（二）设施效益上：可做到公私益互载，私益兼顾公益

林政设施、林业安全设施具有公益性，且即便是林道这样的传统林业生产设施，也可以做到公私益互载、私益兼顾公益。比如，在日本，林道首先被视为（林）地主的林业生产（服务）设施，尽管林道的兴建可以得到政府的高额补贴，但对林地本身的占用不能如公共道路的建设那样得到补偿，而且（林）地主对林道的使用仍须自行负担费用。不过，林道建设客观上又有利于公众进入森林，培养对森林的感情，形成全社会支持林业的局面。[2]

---

〔1〕《森林法实施条例》第18条将申请者表述为“森林经营单位”。事实上，即便在林业内部，“森林经营单位”也是一个有歧义的概念。其尚可指具有法人资格的林业局（林场）等，为便于经营管理、合理组织而进一步划分的具体从事生产的林班、小班等。参见崔国发等：《森林资源可持续状况评价方法》，载《生态学报》2011年第19期。

〔2〕参见刘家顺：《赴日研修的收获和几点启示》，载《国家林业局管理干部学院学报》2008年第2期。

（三）对林地的占用：其组织化程度与林业生产方式、设施类型高度相关

从传统林业生产的需要来看，规模化林业对林业生产（服务）设施依赖度大，林业生产（服务）设施对林地的占用可以长期化、固定化——这有利于森林空间的合理利用。虽小规模经营林业对林业生产（服务）设施也存在一定程度的依赖性，但其要么无力投资，要么林业生产（服务）设施对林地的占用是临时的、短期的、非固定化的，如集材道、运材道，它们可能仅服务于一次性的砍伐行为。对于小规模经营的林地经营权人来说，兴建或兴建后持续保留林业生产（服务）设施都是不经济的。

另外，林业生产（服务）设施对林地的占用，与设施类型也高度相关。林政设施中护林设施以及森林安全设施的兴建和维护是政府的职责，[1] 同时它们也是森林经营的必要设施。然而，集体林权改革后林地破碎化是必然的。因此，这些设施不一定处于每一个林地承包经营权人的林地上，而只会存在于部分林地承包经营权人林地的地块上。就后者而言，这些林地无疑承受了地役权负担，同时相应的设施就是地役权设施。另外，林业安全设施，如森林防火巡护道，其对林地的占用应是长期的而非临时的。

第二节　直接为林业生产（服务）的工程设施的法律地位

前文提及，“是否只有拥有林权证的主体，才能有权提出‘修筑直接为林业生产（服务）的工程设施占用林地行政许可’。”申请是困扰林业行政的一个重要问题。要回答这一问题，首先需要从民事法角度搞清楚直接为林业生产（服务）的工程设施的法律地位。

---

〔1〕 参见1984年《森林法》第16条至第18条，2019年《森林法》第33条、第34条。

一、林业生产（服务）设施不是林权的独立客体

根据《民法典》《农村土地承包法》《森林法》等上位法明确规定的权利类型，不动产登记机构区分六种情形，将林权类不动产纳入不动产登记。[1]登记的权利类型分别有林地使用权/森林、林木使用权，林地承包经营权/林木所有权，林地使用权/林木所有权，林地经营权/林木所有权，林地经营权/林木使用权五种。这五种权利类型，主要登记的是森林、林木和林地的位置、四至界限，林木的林种、面积或者株数等信息，而林业生产（服务）设施并不是林权登记的内容。另外，《森林法实施条例》第 2 条采用穷尽列举的方式，规定了九类林地，而林业辅助设施用地并未明列于被详细列举的林地类型中。[2]

林业调查上，尽管将直接为林业生产（服务）的设施称为辅助设施，并将其占用的林地称为林业辅助设施用地。但显然，这在法律上并不存在。因此，无论是从法律规定还是从林权类不动产登记实务来看，林业生产（服务）设施都不是林权（明示）的独立客体。

二、林业生产（服务）设施是否为“二元主义立法模式”的例外

在处理地上物与土地的关系上，民事法上有所谓“一元主义”“二元主义”两种模式的对立。继受罗马法“土地吸收地上物”的“一元主义”认为，“土地与其定着物是一个物，定着物是土地的重要组成部分，不能单独拥

---

〔1〕从物权的登记公示的内容可反推判断物权标的物范围。“物权的标的物，须为独立的物。因为对于物的一部分或构成部分来说，不仅无法取得直接支配的实益，而且难以公示，不适合承认排他性权利。”参见［日］我妻荣：《日本物权法》，台北，五南图书出版公司 1999 年版，第 11 页。

〔2〕2019 年《森林法》第 83 条第 3 项列举了 8 类林地并附加了一个“等”字。但因该条第 3 项同时定义林地“是指县级以上人民政府规划确定的用于发展林业的土地”，故其“等”字在第 83 条范围内便是指“县级以上人民政府规划确定的‘其他’用于发展林业的土地”，这与《森林法实施条例》第 2 条中的第 9 类林地没实质差别。

有所有权，地上物（所有权）被土地（所有权或地上权）吸收"[1]。我国与日本法则近似，采纳的是地上物与土地分离的“二元主义”模式。该模式认为：土地与地上物在客体上均是独立的物；按照一物一权主义[2]，各自均可存在一个所有权或用益物权；土地和地上物均可以一方为主彼此间形成主、从物关系，并在处分时贯彻“物随地走”或“地随物走”原理。

以两种模式审视林业领域中的物权，就林木与林地的关系而言，与我国民事法一样，整体上奉行的是“二元主义”模式。[3] 然而，在林业生产（服务）设施与林地的关系上，我们已经看到，其更多地体现了“一元主义”模式的色彩。

三、“二元主义”模式下林业生产（服务）设施例外遵循“土地吸收地上物”分析

《森林法》将林业生产（服务）设施定位为“直接为林业生产服务的工程设施”，这很容易让人将之视为“林地、森林和林木”的从物。但是，主从物关系本身预设的是，无论是主物还是从物，二者各自首先是独立物。民事法上，有时还需要处理一个（独立）物的整体与部分间的关系。[4] 物之部分

---

[1] 陈华彬：《民法物权论》，中国法制出版社2010年版，第58页。其中“定着物是土地的重要组成部分”，若沿用传统民法理论术语表达则应是“（视）定着物是土地的重要成分”。参见段则美、孙毅：《论土地与地上物关系中的分别主义与一体主义》，载《苏州大学学报（哲学社会科学版）》2007年第6期。

[2] “一物一权原则是指一个独立物上仅能成立一所有权，一所有权之客体，以一个独立物为限而言。”谢在全：《民法物权论》（上册，修订5版），中国政法大学出版社2011年版，第13～14页。

[3] 参见常鹏翱：《论林业物权客体的确定——中国法律经验的总结与评析》，载《政法论丛》2008年第1期。

[4] 林木、森林资源是部分与整体关系。盗伐林木罪亦是一种侵权行为，是故意毁坏财物而非盗窃的特别法条。盗伐（挖）的“行为对象是他人所有的生长中的作为国家森林资源一部分的林木，构成要件结果是生长中的林木不能在原地继续生长”。参见张明楷：《盗伐、滥伐林木罪的重要问题》，载《上海政法学院学报》2021年第5期。民法通说将林木与森林资源间定位为“单一物与集合物”关系。林业生产（服务）设施与林地间，则应是“物之成分与合成物”的关系。不过诚如后述，在《森林法》范围内，它们在判断方法上都是一致的，关注的都是“部分”在脱离“整体”时发生的变化。

是整体的一部分，只有处于整体之中，其才有整体的属性和功能。部分虽可能（以）脱离整体，但其独立意味着属性、功能的变化。[1] 林业生产（服务）设施为林地经营权行使的必要条件。从功能主义出发，林地与林业生产（服务）设施间的关系，就是整体与部分的关系。林地是森林资源的载体，其功能是产出生态产品、生长林木。正态上林业生产（服务）设施的属性、功能要与林地的属性、功能相一致，由法律拟制为与林地融为一体并被林地所吸收。[2] 因此，视林业生产（服务）设施为"林地、森林和林木"的从物，这一认识并不正确。

如果说，视林业生产（服务）设施为从物，这一"二元主义"的"光芒"是"虚幻"的、不存在的。那么，以下熟悉的内容，却是一种制度事实。根据《农村土地承包法》的规定，林地承包经营权期限届满消灭时，林地所有权人通过购买或补偿，有权取得经营权人在承包期内兴建的林业生产（服务）设施的所有权[3]——这是"一元主义"模式的体现。然而，这立刻或马上也意味着，林地承包经营权在其存续期间，林地经营权具有暂时阻断土地吸收地上物的法律效力及功能，即林权人有权在此期间取得林业生产（服务）设施的所有权——这是"二元主义"的效果。此时，因林业生产（服务）设施客体上已被林地吸收，就林地（承包）经营权人行使林地经营权投资兴建而取得的林业生产（服务）设施所有权，其与林地经营权混为一体，仅在主体上暂时实现了统一。

---

〔1〕 采伐林木，因存在物理上的脱离，这比较容易判断。然而，林业设施是否逸出林地整体要求，其判断往往仅能从其属性、功能本身着手。事实上，这主要取决于生活经验类型的把握，若林业生产（服务）设施具有了"定居性"属性和功能，就必逾越了林地整体功能和属性的要求。何谓"定居性"，自法国1669年《森林法令》以来，社会文化经验会持续提供（新的）判断资料——如是否有移动通讯信号，是否有Wi-Fi等。参见［德］卡尔·拉伦茨：《法学方法论》，陈爱娥译，商务印书馆2003年版，第340页。

〔2〕 此段的分析，未采传统民法物之成分"重要与非重要"之区分，即不是强调物之部分对物之整体的影响是否会改变林地的整体属性和功能，而是作为"部分"的林业生产（服务设施）这个物之"部分"是否与林地"整体"的功能属性要求一致。同时，这亦与一般环境法就研究对象、手段机制的把握，存在差别和不同。参见吕忠梅、窦海阳：《民法典"绿色化"与环境法典的调适》，载《中外法学》2018年第4期。

〔3〕 参见杨立新：《物权法》（第8版），中国人民大学出版社2021年版，第169页。

四、对林业生产（服务）设施林地经营权人享有的是一种处分权被限制的所有权

作为地上权人的林地承包经营权人，对其行使林地经营权投资兴建的林业生产（服务）设施，享有的是一种特殊的所有权。[1] 这种特殊的所有权，其权能除对设施的占有使用外，其处分权还包括通过恢复植被、荒废抛弃等消灭对林业生产（服务）设施的所有权——实务中，林地占用期满恢复植被还是一种行政法上的特定义务。

对林地经营者影响重大的、更为重要的结论是：对享有这种特殊所有权的林业生产（服务）设施，其兴建不视为对林地用途的改变，法律上拟制为被林地吸收，不是林权之独立客体，由此即意味着林业生产（服务）设施不能被单独处分。不能被单独处分，即意味着不能运用“地随物走”原理“切割式”将之单独转让、抵押——其若欲拥有此等权能，林地经营权人应首先办理建设用地审批手续而另行取得建设用地使用权。总而言之，林业生产（服务）设施的价值将无从单独实现。

第三节　林地经营权设施向地役权设施的转化

整体观之，一方面，作为森林、林地所有者的集体经济组织，在林地承包经营权存续期间，主体上被匿名化，内容上则被虚化。另一方面，就林地经营权人而言，若其投资于林业生产（服务）设施，其林地价值或有提升。不过，因设施所有权不能单独处分，在森林经营成果仍高度依赖林木产品的

〔1〕按照一物一权的标准，称“林地经营者对其兴建的林业生产（服务）享有所有权”，这种说法不能说不正确，但至少不严谨。按同样的标准，后文中称集体经济组织分别作为地役权人或供役地人“取得、拥有森林防火道路设施所有权”，也面临同样的尴尬。本章界定上虽均强调系二者为“一种特殊所有权”，但为避免烦琐又常将“特殊”省略，相信通过更具体的其他内容侧面，不致产生误解、困惑。另外，我国地役权制度是否也采“一元主义”，可参见温世扬、周珺：《〈物权法〉的中国特色与时代精神》，载《江西社会科学》2007 年第 3 期。

背景下，该设施投资回收、回报将被远期化而具较大不确定性。进一步审视林业生产（服务）设施上权利关系，我们会发现，以取得和保有林木所有权为内容的林地承包经营权，虽包含了投资兴建林业生产（服务）设施的内容，但权利人又不（能）以取得林业生产（服务）设施的所有权为目的。作为林地所有者的集体经济组织，在林地承包经营权存续期间并不行使林地经营权，但却不排斥最终取得林业生产（服务）设施所有权的目的和结果。

在涉林业生产（服务）设施所有权上，要弥合林地经营权人与林地所有人不同态度、改善彼此的资产状况，地役权是一个值得探索的途径。

有林业背景的学者较早在法学领域引入、提出了"林地地役权"的概念（在后继其他学者的研究中，这一概念被"生态环境地役权""公共地役权"等淹湮替代）。不过其立意主要在于"通过（地役权）限制林地上的林木的采伐以发挥林地的生态效益，从而达到改善整个生态环境的目的"，并将森林与野生动物类型自然保护区管理机构和周边社区签订的社区共管协议、林业主管部门与集体经济组织签订的森林管护协议和生态效益补偿协议、退耕还林协议等视为实质的地役权合同。同时认为上述意义上林地地役权有以下特征：需役地的特定位置有时并不十分明显、地役权人为国家或政府、是有偿的因此需要支付生态效益补偿金等。[1] 本章在立意、指涉的范围、地役权公私法属性间的关系等方面，与论者之"林地地役权"存在较大差别。就适用价值而言，本研究服务于森林生态产品的价值实现，后文将揭示的结论，可在教义法学范围内令《民法典》地役权规定直接、显现地得到适用。[2]

一、地役权的一般特点以及地役权与地役权设施

《民法典》第372条第1款规定，地役权人有权按照合同约定，利用他人

---

〔1〕 参见周训芳：《论林地地役权》，载《江苏行政学院学报》2008年第2期。

〔2〕 我国地役权设立必须有"需役地"，《民法典》明文规定地役权系按"合同约定"，这些因素使所谓"林地地役权"或"生态地役权"等，存在适用《民法典》的巨大障碍。当然，认为地役权制度具有"超越物权法本身而具有普适性"，"进而成为一项指导法律适用法律制定乃至相关制度体系的法律理念"意义上，相关学者的"林地地役权或生态地役权"，仍然具有重要价值。参见耿卓：《地役权在当代中国的"复兴"》，载《中国社会科学报》2020年5月20日，第4版。

的不动产（“他人的不动产”为“供役地”），以提高自己的不动产的效益（“自己不动产”为“需役地”）。[1] 对需役地的从属性，是地役权最大的特点。其从属性主要体现在《民法典》第380条和第381条的规定中——地役权不能单独转让和单独抵押的规定。另经登记的地役权具有对抗第三人的效果（《民法典》第374条）。地役权也是一种用益物权，役权在民法史上曾是其他用益物权之母。在地上权、狩猎权等用益物权独立化之后，因其具缓和物权法定主义之效，故在现代社会仍有其存在价值并为各国民法广泛承认。[2] 在自然保护地领域中“由社会捐助资金支持、不改变林地林木现有权属”，“以生物多样性保护为目的”设立地役权，能“让集体林地权利人增加收益，兼顾了生态保护与资源合理利用”，成为一种可供探索的生态产品价值实现机制。[3]

在地役权的内容方面，传统民法认为“于作为不成立役权”（servitus in faciendo consistere nequit）[4] ——供役地人的义务是消极不作为。但现代民法学说亦承认：“由供役人承担类似必要设施（本章称为地役权设施。——笔者注）的设置与修缮义务，作为地役权的内容，是可以成立的。”[5] 就林业生产（服务）设施，后者具有很强的启发意义。

结合本章关注的更一般的林业生产经营（或曰森林经营）的主旨，以下重点总结、梳理民法学说中，涉及地役权设施的一些基本判断。

1. 地役权与地役权设施的关系。设置地役权设施，是地役权行使的附随行为。传统民法认为这是地役权人的权利——但应采取对供役地损害最小的方式为之。诚如前述，现代民法亦承认供役地人为附属设施设置之义务。故

---

〔1〕 需役地、供役地不限于土地，可以扩及土地上的建筑物等定着物。参见陈华彬：《从地役权到不动产役权——以我国不动产役权的构建为视角》，载《法学评论》2016年第3期。

〔2〕 参见尹田：《法国物权法》，法律出版社2009年版，第439页。

〔3〕 参见李风等：《浙江江山颁发首本生物多样性保护地役权证》，载《中国自然资源报》2021年1月14日，第4版。

〔4〕 陈国军：《论我国役权制度的完善——以民法典编纂为视角》，载《政治与法律》2016年第12期。

〔5〕 崔建远：《物权法》（第5版），中国人民大学出版社2021年版，第360页。

双方均可设置地役权设施。

2. 地役权设施的所有权。与第1点相关，既然地役权人和供役地人均有设置地役权设施的权利，则地役权设施的所有权归属于设置地役权设施者。故地役权人、供役地人，均能成为地役权设施的拥有者。

3. 地役权设施的维修义务。传统民法认为，维持附属设施义务由地役权人承担。但诚如前文所述，现代民法承认供役地人得为附属设施的维护义务。其实，尽管具体情形上会有所差异，与第2点相关，维修义务原则上可按“谁拥有地役权设施的所有权，谁就有维持维修责任或义务”[1] 处理。

4. 地役权设施对供役地的占用。传统民法认为，在付出相应代价的情况下，地役权人和供役地人均有“地役权行使处所或方法变更权”。由此推知，地役权设施对供役地的占用可以是不固定的。

5. 地役权设施的使用。地役权人当然有使用地役权设施的权利，而供役地人在负费用分担义务的情况下，也有权使用附属设施。推而广之，多个地役权借助同一设施，可各自实现对供役地的用益。

二、集体经济组织可否设立“以取得林业生产（服务）设施将来所有权为目的，约定林地承包经营权人在经营期承担维持林业生产（服务）设施义务为内容”的地役权

前文论及：“作为林地所有者的集体经济组织，在林地承包经营权存续期间并不行使林地经营权，但不排斥最终取得林业生产（服务）设施所有权的目的和结果。”作为经营权设施的林业设施与地役权设施，在对林地的占有、使用和利益实现方式上均有共同点。林地承包经营权存续期间，集体经济组

[1] 由供役地人承担设施的维护义务，以约定为限。《德国民法典》第1021条规定：“供役地上的设备属于行使地役权范围的，在地役权的利益所需范围内，可以规定，供役地所有权人应当维护该设备。供役地所有权人享有对该设备的共同使用权的，在供役地所有权人的使用权所需范围内，可以规定，地役权人应当维护该设备。”但以下情况除外，其第1022条规定：“地役权的内容是在供役地的建筑设施上保持其他建筑设施的，如果没有其他规定，在地役权的利益所需范围内，供役地所有权人应当维护该设备。”参见陈国军：《论我国役权制度的完善——以民法典编纂为视角》，载《政治与法律》2016年第12期。

织与林地承包经营权人在设施将来所有权取得这一关系上，给林地地役权之设立提供了基础和契机。

这一地役权从形式上看，是作为地役权人的林地所有权人，将地役权设施所有权取得的对价或补偿，在林地承包经营权存续期间，即以地租的形式付给林地承包经营权人。从内容上看，林地所有权人除具体的地役权外，还包含了就相应的地役权设施（同时也是林地经营权设施）的物上请求权，林地承包经营权人不仅不能荒废抛弃，而且有维修维护这些地役权设施的义务。

然而，正如前文所述，小规模经营林地的承包经营权人，往往无力投资于林业生产（服务）设施。作为林地所有人的集体经济组织，在集体经济虚化的背景下，也不太可能通过一次性给付地租的形式给承包经营权人提供资金。土地承包经营权是一项长期的农村土地制度。[1] 可预期的将来，即便林地承包经营权到期后，除非满足更为特定的条件，由集体经济组织直接经营林地也不太可能成为现实。换言之，当前集体经济组织即便有实力，其也没有足够的经济动机就农户的林地，取得前文所述内容的地役权。

第四节　林地经营权设施向地役权设施的转化的实现

实务中，有地方选择以林区道路（集材道）的“名义”作为林业生产（服务）设施建设的重点。[2] 初看起来，这有利于调动集体经济组织、山场经营单位项目申报积极性。但集材道的公共性还是弱于森林防火道路、设施，而且这也不利于处理相关权利冲突（详见下文）。笔者认为，应从林业生产（服务）设施多功能性、多用途性出发，以林业生产（服务）设施中公共性最强的森林防火设施、森林防火道路为突破口，在给林业生产（服务）设施占用林地提供正当化根据的同时，集成、串联其他用益目的地役权。

前提是，农村集体经济组织取得兴建森林防火设施、森林防火道路的地

[1] 参见丁文：《论土地承包权与土地承包经营权的分离》，载《中国法学》2015 年第 3 期。

[2] 江山市林业局：《关于申报 2020 年度林区道路（集材道）建设政府补助项目的通知》，载江山信息网 2020 年 3 月 3 日，http：//www. 21js. com/html/2020/03/292655. shtml。

役权——并取得道路设施的所有权。[1]

一、法理依据

《民法典》第379条规定："土地上已经设立土地承包经营权……未经用益物权人同意，土地所有权人不得设立地役权。"

这里，同意是形式，关键还是内容。就将来取得林业生产（服务）设施的所有权，在设施业已兴建的情况下，集体经济组织以"林地经营权人承担持续维持林业生产（服务）设施义务"为内容，可以设立地役权。在林地经营权人不用承担设施设置义务、未兴建林业生产（服务）设施情况下，按"轻重相举之当然解释规则"同时"考量森林防火责任之分担"[2]，集体经济组织则得设立"设置森林防火设施、兴修森林防火道路之地役权"。并诚如前述：设施的所有权，原则上决定了谁承担地役权设施的维持、维修之义务或责任。集体经济组织之所以同时取得防火道路设施的所有权，也可理解为是这种维持、维修设施义务转移之结果，即因林地经营权人若"不堪承担设施之设置、维持维修义务"而欲免除这一系列义务，得"将负担地役权的土地给予享有地役权的土地所有权人"[3]。

法理根据问题的解决为集体林权改革可关联到的"三变"改革的实现，

---

〔1〕集体经济组织道路设施的所有权，是特殊而又应强（势）的。说它"特殊"，与供役地人林地经营权人的关系上，其终极上是要消灭自身而成就集体所有权的完整性；说它"强势"，不限于与集成串联的其他地役权关系上，集体经济组织可以所有权的名义行使物上请求权。另外本章认为，德国的《民法典》第1022条并非一般义务之规定，而应是霍菲尔德理论体系下供役地所有权人之"责任"规定。从此点出发，若非抛弃地役权，其他地役权的权利人仍有维修设施的义务。而当他们一方面获得积极利益，另一方面又不履行维修义务时，集体经济组织可基于"责任"阻止这种地役权滥用行为，迫其履行维修义务。参见王涌：《寻找法律概念的"最小公分母"——霍菲尔德法律概念分析思想研究》，载《比较法研究》1998年第2期。

〔2〕2008年《森林防火条例》第20条规定，森林、林木、林地的经营单位和个人应当按照林业主管部门的规定，建立森林防火责任制，划定森林防火责任区，确定森林防火责任人，并配备森林防火设施和设备。

〔3〕朱广新：《地役权概念的体系性解读》，载《法学研究》2007年第4期。

保障乡村振兴过程中农村集体产权制度改革[1]任务的完成也提供了条件。就本章论及的范围，“三变”改革[2]的逻辑起点——注入集体经济的“现场资产”，就是通过财政资金投入兴建的，由林地承包经营权人承受地役权负担、集体经济组织因享有地役权而取得的“森林防火设施道路”所有权。

二、资金来源

兴建森林防火设施、森林防火道路，因不涉及土地征用及其补偿，故主要是设施本身的建设费用。

1. 财政资金：森林防火道路、设施建设，应主要依靠政府财政投入。

如在日本，其私有林面积占比为 57.9%，与我国集体林地面积占比 59.59% 相当。然而，其高达 90% 的私有林的林道建设项目是通过财政补贴建成的。另有 3% 是通过政策性贷款，只有 7% 是自筹资金建成的。[3] 对于林道建设，我国目前没有全国层面的、普及于所有林区的政策。南方集体林区，实现“村村通”之后有在市的层面以通组公路（林区道路）按规划进行建设的，也有在县（区）统一规划的基础上以“一路一方案、一文件”方式实施的。[4] 这两种模式分别位于西部地区和东部发达地区，二者在实施方式、规

---

〔1〕 这是一项逐年推进的改革，并要在2021年基本完成阶段性任务。参见《中共中央、国务院关于全面推进乡村振兴加快农业农村现代化的意见》，载《中华人民共和国国务院公报》2021年第7号。

〔2〕 对“三变”改革的一种解释是：“在不改变资金使用性质及用途的前提下，将各级财政投入农村的发展类、扶持类资金等量化为村集体或农民持有的股金，投入各类经营主体，享有股份权利。”中央党校农村改革调查课题组：《中国农村改革发展的新探索——贵州省六盘水市“三变”改革工作调查》，载《中国党政干部论坛》2016年第11期。另一种解释是：“政府各部门把财政投入的各种资金及现场的资产统一以‘专项资金’名目注入集体经济组织，壮大集体财产。然后按照本村具体情况做股量化到村民，以此吸引村民按照规定比例进行资源实物投入或以现金配股，使让村民与集体形成紧密的财产关系。”杨帅、罗士轩、温铁军：《空间资源再定价与重构新型集体经济》，载《中共中央党校（国家行政学院）学报》2020年第3期。

〔3〕 参见王登举：《日本的私有林经济扶持政策及其借鉴》，载《世界林业研究》2004年第5期。

〔4〕 参见祝日耀、王祖军等：《“三心”开启千里富民林道》，载《浙江林业》2013年第2期。

划建设的道路设施水平等方面都存在差异。[1] 但验收合格后补贴的资金，其主要来源都是地方财政投入或整合各级财政形成的涉林项目资金。

在气候变迁背景下，为防止森林这一最大的碳库变成碳源，本章认为应将森林防火道路、设施建设全面纳入全国层面的规划、各级财政支持政策体系中，即以防火道路（设施）的名义——“这一符号技术”——补足林道建设短板，并统筹设施“立项条件、程序、后续养护、多元利用”以及“道路设施水平渐进提升”等。[2]

2. 社会资金：以森林防火道路为载体（以其为供役地），第三方通过“点状供地”[3] 取得建设用地使用权（同时其即为需役地），为第三方设定地役权。

以道路本身或防火设施为供役地，可就将来之通行（如森林步道）、管线之架埋（如供水、供电、供热、供气、通讯基础设施）、风景之眺望等，为第三方设定地役权。第三方以预先支付相关地役权取得费用形式，参与投资森林防火设施、森林防火道路的建设和设施的维护、提升，[4] 以便兼顾其森林步道、观景台、野营地等的建设要求。

---

[1] 本章不评价这两种模式孰高孰低。雅安模式下“因建设标准低，路面多为泥结碎石路面，每年汛期雨水对路基、路面的破坏较为严重”。因此规定：“按照谁受益谁养护的原则，通组公路（林区道路）所在村组应制定村规民约，组织受益林农投工、投劳和自愿集资对道路进行季节性养护，保证道路的正常通行。”蒋龙华、彭华：《3至5年建1266条林区道路》，载《雅安日报》2012年8月22日，第1版。

[2] “名义”选择不仅是符号技术问题，更在于借此可确立“最低标准”，进而促进各地根据实际再逐轮规划建设，在发展过程中逐步提高完善。相较于“集材道、运材道等”，防火（巡护）道路“一般情况下路面宽度、厚度、强度等能满足护林防火的需要即可”。张志伟：《国有林区道路建设存在的问题及对策》，载《现代农业科技》2015年第5期。

[3] “点状供地”关键不在“点”而在“面”。其官方政策论述，可参见广东省自然资源厅：《关于实施点状供地助力乡村产业振兴的通知》，载《广东省人民政府公报》2019年第36期。

[4] 森林防火工程设施主要包括瞭望塔/台、阻隔设施（如防火隔离带、防火沟，防火林带等）、森林火险气象预测预报站、通信网点、防火道路（如巡护道/塔道/站道）、防火机场、检查站、防火站等。参见林业部：《LYJ127－91森林防火工程技术标准》，中国标准出版社1992年版，第2页。

三、林地承包经营权人的权益保障

（一）森林防火设施、森林防火道路地役权的效力

就林地承包经营权人利用森林防火通道来讲，应当视为其行使林地经营权（如将其作为运材道利用）。不过，其权利行使不应有碍于供役地上义务之履行。也就是说以下规则："供役人为供役地的所有人时，先设立并且业已登记的用益物权的效力优先于地役权的效力"，于"森林防火设施、森林防火道路地役权"并不适用，也就是说，由森林防火的特殊性决定的，林地承包经营权人不能为了自己林地经营权行使的便利，擅自阻塞森林防火道路或移置森林防火设施。

（二）在森林防火设施、森林防火道路地役权中，林地经营权人作为义务履行的限度和其供役地人身份拥有的特殊权利

林地经营权人只需要按其权利内容履行附带的对森林防火设施、森林防火道路的维持义务即可。就森林防火道路而言，应被限定在满足一般的、能通行的条件，如特定地域人们一般认知的营林道、运材道设施水平，就可以了。

客观上，森林防火设施、防火道路占用了林地承包经营权人享有经营权的林地。这种占用从林农个体来讲，首先不过是作为营林道、运材道而给其经营林地带来便利。因此，森林防火道路的线路安排，应以林地承包经营权人的意见为主。[1] 这不仅有前述之法理基础，更与森林防火目的相契合或不矛盾。另外，森林经营方案或者村庄规划，涉及森林防火道路等林业生产

〔1〕"为了防止必要地役权给供役地带来更大的负担……道路通行权的位置一般由供役地人决定。"张潜伟：《地役权制度的现代发展与我国的立法完善》，西南政法大学2019年博士学位论文，第57页。

（服务）设施的，其路线或布局也应当征询农户的意见。[1]

（三）在第三方以森林防火道路为载体成立的地役权下，林地经营权人的权益保障

就第三方在森林防火道路、设施上成立的地役权（如水电等附属设施），虽作为供役地人的集体经济组织有使用权，但林地承包经营权人并不当然享有设施使用权。一方面，这些设施并不是第三方按照公共基础设施的标准进行建设的，故这些设施如供电、供水能力是有限的；另一方面，这是因为在法律关系上，第三方的地役权的行使的范围被限定在了森林防火道路和防火设施上，林地承包经营权人不再是直接的供役地人。

对此，法律上的解决方案是：林地承包经营权人作为集体经济组织成员，有权分享集体经济组织对水电设施的使用权。比如，在地役权人没有满负荷使用水电设施的情况下，水电设施的余量使用权，可以分时段供特定林地承包经营权人使用。当然，林地经营权人也可在森林防火道路上下直接架埋水电线路、设施。这时，其权利基础不是地役权而仍是其经营权。而且，其架埋水电线路、设施的权利作为林地经营权的内容，优先于第三方的地役权。

第五节　结　　语

林业生产（服务）设施系对森林生态空间的有形占用。[2] 便是埋设的供

---

〔1〕 新《森林法》仍欠缺森林经营方案之法效果规定。实务上目前开始将林业经营主体能否获得采伐限额、采伐限额能否被单列，作为不编制森林经营方案的反向制裁或作为编制了森林经营方案的正向激励。这是对立法遗憾的弥补，是很好的规制策略。但为鼓励编制好森林经营方案，其正向激励机制就应不只是与采伐限额相关，还可有其他内容和方式。参见王宪魁：《关于〈中华人民共和国森林法（修订草案）〉的说明——2019年6月25日在第十三届全国人民代表大会常务委员会第十一次会议上》，载《中华人民共和国全国人民代表大会常务委员会公报》2020年第1号。

〔2〕《瑞士民法典》第674条规定，土地上的建筑或其他设施的上部突出至他人土地之上时，仍为其所在地的土地的组成部分，只要土地所有人对该役用享有物权。对前款突出建筑物的权利，得以地役权登记于不动产登记簿。王刚：《论分层建设用地使用权之范围及立法构造》，载《青海师范大学学报（哲学社会科学版）》2017年第6期。

水、供电等隐蔽设施，也必然存在为利用这些设施而存在于地表上的、与人交互的界面，如水龙头、蓄水池、水槽、配电室、配电箱、插座等——也正是在此意义上，我们才能理解何以立法用语给林业生产（服务）设施添加了“直接”一词作为限定语。[1] 此一点上，其作为地役权设施就不同于诸如在林地埋设的长输油气管道而可设立的“油气管道通过地役权”。[2] 后者在施工结束后，根据《森林法》第38条（《森林法实施条例》第17条），即被要求恢复植被和林业生产条件；在地役权后续存续期间，在管道中心线两侧各5米范围内的林地地表上，不存在基于直接使用目的之对设施利用界面。[3]

在定位上，林业生产（服务）设施无非林地经营权设施，抑或同时作为地役权设施。这两种定位对其处分权的行使带来重大影响。当林业生产（服务）设施亦是地役权设施时，其不仅对需役地有从属性，同时对供役地也有从属性。作为经营权设施（如其同时处在地役权关系中，则观念上其也是供役地之一部分），因其不是林权之独立客体，故不能单独转让、抵押——只能随林权流转而流转（如其已处于地役权关系中，则地役权负担由流入方继续承担）。作为地役权设施，其从属于需役地，故也不能脱离需役地单独转让、抵押——只能作为需役地的建设用地使用权上的不动产一并进行转让、抵押（建设用地使用权上不动产的受让人，在取得不动产上的权利的同时亦取得相应的役权）。可预期的将来，本已偏弱的林权流转，其流转性也会远小于“点状供地”下的不动产开发（包括康养、旅游等）。目前，预期值上暂且放低点林权流转在林业提质增效中的地位，以“林地经营权设施地役权设施化”促

---

[1] 从生态产品价值实现看，林业生产（服务）设施的价值需要附着在“直接、终端的产品和服务”上，故其价值实现反而是中间的、间接的。

[2] 参见张鹏、丁睿：《长输油气管道用地法律权属的中国法配置》，载《中国土地科学》2021年第7期。

[3] 管道中心线两侧各5米范围内办理临时占用林地审批手续，建设单位依法支付林地和林木补偿费，缴纳森林植被恢复费。“管道中心线两侧各5米范围内”，只限管道本身，不包括“线路站场、线路阀（室）、标志桩、固定墩、跨越的基础等永久性工程”。参见原国家林业局《关于石油天然气管道建设使用林地有关问题的通知》。

进林业生产（服务）设施自身价值实现，是较为现实的、理性的选择。长远来看，这有利于森林资源资产的增值，有利于林业更全面地融入经济社会的整体发展，有利于林业更好应对气候变化风险（如干旱引起的森林火灾）、保障林业在碳中和中的重要作用的发挥。

本章的理论架构，还有助于解决“修筑直接为林业生产服务的工程设施占用林地行政许可”中的一些问题。现一并予以回答，权为理论之应用、以就方家并供实务参考。

一、关于该行政许可的申请主体

本章同意相关实务文献“由林地所有权单位（如村集体）作为申请主体为好”之判断。不过，支持这一判断的理由，并非“方便林地监管”或“强化林地监管”。

在笔者看来，集体经济组织之所以能成为申请主体，其或是“以取得林业生产（服务）设施将来所有权为目的，约定林地承包经营权人在经营期承担维持林业生产（服务）设施义务为内容”的地役权人，或是“兴建森林防火设施、森林防火道路”的地役权人。其作为权利人（在“兴建森林防火设施、森林防火道路地役权”中，集体经济组织同时还将是防火道路、设施的所有权人）当然有权申请行政许可。

二、林业生产（服务）设施长期占用林地与林地承包经营合同有期限性的矛盾

在笔者看来，这是一个假问题。《民法典》第 377 条明确规定：“地役权期限由当事人约定；但是，不得超过土地承包经营权……用益物权的剩余期限。”

在林地占用行政执法中，更常见的问题是所谓“短期占用长期化”问题。据此，土地所有人可取得“以取得林业生产（服务）设施将来所有权为目的，约定林地承包经营权人在经营期内承担维持林业生产（服务）设施义务为内

容”的地役权。那么在林地（承包）经营权人申请林地占用[1]时，审批过程中林业主管部门可一并征询作为土地所有人之集体经济组织的意见。如此，就林业生产（服务）设施对林地的占用，在事前许可时就能识别出相关利害关系人的目的是长期，还是“短期/临时”占用林地。另按前文所述，目前这一内容的地役权尚不具实现的条件，但若主管部门审批时进行意见征询，或将“启发”双方达成此一内容的地役权合同——并进而不期然，又或能为集体经济制度演化提供新的诱因。

三、林业部门“既当运动员，又当裁判员”的角色冲突

此问题集中在“林政设施型林业生产（服务）设施占用林地”上。

据此，公共性最强的森林防火道路设施可以集成、串联其他用益目的地役权。换言之，集体经济组织设立“兴建森林防火设施、森林防火道路的地役权”[2] 应获得林业部门“修筑直接为林业生产服务的工程设施占用林地行政许可”。集体经济组织如“以道路本身或防火设施为供役地，为第三者设立地役权”,[3] 则无审批的必要（备案管理即可）——因客观上第三者并未占

---

[1] 显然，不能排斥林地经营权人成为设施占用林地许可的申请主体。另外，林农是不是“森林经营单位”这样的疑问，随新《森林法》公布也应消失。嫌麻烦或厚此薄彼拒绝申请，是对相关主体民事权利的明显侵犯。

[2] 集体经济组织统一经营情况下，不存在其取得“兴建森林防火设施、森林防火道路的地役权”之问题。集体经济组织可根据自己的意愿，在遵循相关规划和森林经营方案下，直接以经营权设施的属性申请相关行政许可。目前来看，这种统一经营林地模式受制于以下特定条件：集体林权改革时采取的是“均股不分山、均利不分林”模式、经营对象系生态公益林、养护资金的政府投入。参见张国祯、王小平：《北京市新型集体林场试点建设现状及对策分析》，载《北京农业职业学院学报》2021 年第 4 期。

[3] “集体作为单一的所有权人可以直接在其所有的土地上进行设施建设，无须设立以公共事业为目的（如森林防火设施、防火道路）的地役权。”集体经济组织统一经营生态公益林，一定意义上消灭了其“内部地役权”（以及林农间习惯法意义上的相邻关系）且提高了经济效率。但若认为集体经济组织为增强自身“造血功能”（而不只是依赖于政府投入的林木养护资金），即使其未雨绸缪进行多元化经营却仍要排斥社会资本、社会资金，进而不得为第三方设立有关地役权，则不免因噎废食。参见耿卓：《乡村地役权及其在当代中国的发展》，载《法商研究》2011 年第 4 期。

用林地。如此，在兴建林政设施时林业部门也是这儿的“第三者”，不用自己给自己审批占用林地。附带指出，这些集成、串联在防火道路设施上的地役权，均可到不动产登记机构进行登记。

第五章 森林资源受限资产化与林权结构整塑*

资源与资产，概念上有别但也可在术语上合并使用。后者，盖由于存在资源资产化、资产资源化两种逻辑进路。受一国基本经济制度影响，但同时会因感受到生态系统服务功能之稀缺不足，为从根源上避免环境资源的“世代垄断问题”[1]，自然资源的公（国）有已成为更普遍之模式或趋势。[2] 故自然资源的法权构造，首先是自然资源的国家或集体所有权前置设定，以此赋予国家就自然资源是否开发利用以及在何种方向、方式上利用开发之决定权。其次，若采自然资源的资产化逻辑，自然资源的积极用途的受限性或有限性必超出传统定限物权的范围——或表现为前述几章的“权利—责任”机制，或表现为国家力量的有形管制及处罚。本章讨论的森林资源有限资产化的特殊性在于，森林资源系“多种自然资源要素的组合，具有集成性、综合性和整体性”，而其基础法权构造在国家、集体所有之别外，法律上尚有“野生动物资源属于国家所有”的规定。本章以此为基础，讨论森林资源有限资

* 本章研究获得西南林业大学校级文科项目资助，项目名称：设区的市城镇绿化地方研究（XJYB2018002）。

〔1〕 陈慈阳：《环境法总论》，中国政法大学出版社2003年版，第281页。

〔2〕 将土地转移到私人手中来开发公共土地曾是一种主导范式，但后来“公共土地（已）被视为具有令人信服的持久的集体利益，这些利益不同于个人利益的集合而是更多”。公共土地概念的这种变化导致了法律的演变。在20世纪，国会开始不赞成公共土地私有化，逐渐取消了许多私人投资者从政府获得土地所有权的机制。国会对私有化的转向以《联邦土地管理与政策法》（FLPMA）的颁布而告终，该法案确立了一项有利于保留和管理公共土地的新国家政策。See Pidot J. R., Peterson E. A., *Conservation Rights - of - Way on Public Lands*, UC Davis L. Rev, Vol. 55: 89, 2021.

产化和林权内容的进一步丰富问题。[1]

第一节　我国森林资源有限资产化的二元构造

"森林资源，包括森林、林木、林地以及依托森林、林木、林地生存的野生动物、植物和微生物。"[2] 一般认为，森林资源的资产化是指森林资源通过依法取得并行使林权，借由林权这个"法身"完成森林资源到森林资产的转换，使特定的森林资源及其产品进入市场并通过此等市场机制，以森林资源资产化方式同时实现森林资源的最大化。

一、中国森林资源的初始分配

与"公地悲剧"描述的一样，早期"游耕农业"模式下人们就开始大片采伐森林。随着人口的增加和土地利用密度的提高，"定居农业"不仅使森林资源得不到更新，而且耕地扩大导致森林面积锐减。当可用木材等资源稀缺时，才促使人们开始意识到森林的宝贵，于是纷纷认领自己的区域。这种认领是存在交易成本的，但人们自由协商，最终会选择私有制来解决森林的归属。[3] 产权激励机制下，他们为了牟利会保护自己区域内的森林，并且出售木材。尽管短期或局部的逐利行为或许会出现森林资源减少的情况，但竞争和价格博弈使供给方利润率不断下降；为了继续盈利，供给方会或研发新树种提高生产力，或进行林权收购扩大种植规模以降低成本，于是森林资源得到至少最低限度的保护和发展。

"公地"森林资源悲喜剧转换，依赖于科斯新制度主义理论揭示的资源资

---

〔1〕"林权的特殊性在于其客体的复合性，包括动产、不动产和特定权利。""在政令推动下，林权所包含的内容并不稳定。""具体来说，林权的权利客体包括了森林、林木、林地、林地上生长之林木、林上、林中、林下其他自然资源，以及整体森林环境等。"周伯煌：《论我国林业物权制度的完善》，载《河北法学》2010 年第 5 期。

〔2〕参见《森林法实施条例》第 2 条第 1 款。

〔3〕参见［美］R. 科斯等：《财产权利与制度变迁——产权学派与新制度学派译文集》，上海三联书店 1997 年版，第 96 页。

产化魔力。但必须指出，引用科斯的理论，为了森林资源的最大化，我们同意的只是“确认界定清晰的产权边界是前提、产权实现及其流转须有途径须有保障”等基础观念，而其权利初始分配私有制选择方案，形而上学的社会契约论痕迹明显，且忽视了森林资源资产化过程的复杂性。[1] 在森林资源稀缺的情形下，是以权力为基础的“交易成本最低的权利初始分配”。新中国森林资源初始分配，我们可观察到其经历了两个时序上有间隔的逻辑环节：一是通过新生的国家政权力量确立森林资源的国有（全民）或集体所有的公有性质；二是虽有效率考量但仍侧重公平，通过分配授权方式确认或无偿赋予国有森工企业对国有森林资源的经营权、林农对公有森林资源的林地承包经营权。

由于森林资源是有限的，在个体获得自由支配权之前，必由国家来对有限资源作合理之分配。“如果今天这种环境资源的不足性由个人来支配，那就变成了一个世代垄断的问题。”同时为了实现资源的最大化和资源利用的效率，“对于具有公色彩的、不属于私人所拥有的环境资源及利益”，“在学理上创设了公共环境资源之私人使用权之类型……使个人不享有所有权，但至少有使用或支配权”。[2]

当交易成本不为零的情况时，产权制度应当寻求交易成本最低的权利初始分配，而权利的初始分配将影响资源配置效率。以林农无偿取得承包经营权为内容的集体林权改革，也包括农户同时取得承包前林地上林木的所有权。集体森林资源所有权基础上的林权初始分配，与 20 世纪 80 年代的耕地改革一样使农民获得了实实在在的利益，遏制了森林的滥砍滥伐，促进了林业的发展和得到了农民的拥护。2016 年以来，通过农地“三权”分置改革赋予林业投资者以经营权，是在稳定以公平为基础的土地承包权基础上，流转土地经营权以实现提高资源配置效率的目标。但同时期生态文明建设的更高要求，既对改革时初始设计的集体林权的地位、结构和内容形成挑战，同时也间接

---

〔1〕 参见王利华：《经济转型时期的资源危机与社会对策——对先秦山林川泽资源保护的重新评说》，载《清华大学学报（哲学社会科学版）》2011 年第 3 期。

〔2〕 陈慈阳：《环境法总论》，中国政法大学出版社 2003 年版，第 281 页。

地影响林地“三权”分置的进行。

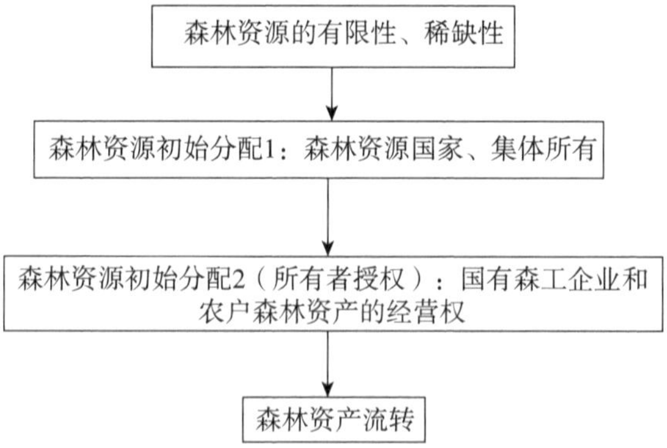

图1　以林地、林木为对象的我国森林资源资产化

二、中国森林资源初始分配形成的问题

森林资源是一个总和性的概念，涵括乔木林和竹林及相应林木、林地以及依托它们生存的野生动物、植物和微生物。前述森林资源资产化视角下的森林资源初始分配授权，其对象是林地和林木。作为集体林权改革的后果，其初始分配授权并不包括林木之外的植物资源。林木之外的集体森林资源的生态产品价值实现，在所有者不积极主张自己的所有权的情况下，虽林地承包经营权人可优先利用，但却不能阻止、排斥集体内外之普通公众也可享有同样内容之权利。因此，通常情况下，林木之外的植物资源的资产化无论是在客体还是在内容上，都保留了森林资源可供公众分享的特点并体现出受限或有限资产化的特质。但是，在市场需求信号强烈而独特的自然禀赋又令某种资源具有相对高价值的情况下，林木之外的植物资源的资产化的问题就被突出出来。然而，即便如此，受这些特定资源本身的性质，如通常难以测度和系非多年生植物及其为集体所有所决定，我们看到，其在制度演化上难以被直接承认为林权或林地承包经营权之对象。

为保护在地资源[1]和避免掠夺性采集，云南一些地方在现有林权之外兴起了“包山拾菌”的制度性实践。[2]“‘包山拾菌’的集体经济运营模式，将出产野生菌的林地资源按照野生菌产量，以分片竞包的方式，承包给村民统一管理、采摘、销售。”[3] 承包主体限于集体经济组织的成员，包山拾菌与一般农村土地承包并没有什么不同。但包山拾菌采的是有偿“竞包”（竞标）的一年一包方之承包方式，且虑及未承包村民的利益，村集体收取的承包费“在用于基本建设、村集体积累、公共活动如祭祀以及一些必要的开支外[4]”实行年底分红制度。因此，在初次分配领域包山拾菌体现的是效率优先兼顾或补足公平。既然效率优先，按照前述权利—责任机制，包山拾菌者在合同履行其间也要承担积极的生态保护责任。性质上，包山拾菌是债权式而不是物权式流转。也就是说，“包山拾菌”的农户虽可实施采集行为并获得采获后野生菌的所有权，但采集区野生菌资源法理上的全面支配权仍然属于森林资源的所有者。这可从以下事实得到印证：由于担心承包后野生菌会被他人偷拾，“承包期间，村社干部和承包人一起日夜守在山上，对少数偷拾菌的人进行劝阻，对偷盗行为给予重罚，有效地保障了承包者的利益……”[5] 同时，“包山拾菌”也不绝对排斥不具有集体组织成员身份的普通公众的野生菌采集权，“如今，1.9 万亩森林里盛产的野生菌已实现包山拾菌，分归承包户经营，游客只要对接妥当，夏秋两季都能进山过把捡菌瘾”。[6]

---

[1] “‘以前，我们这里的野生菌大部分都被外面来的人拾走了，只有1/3是本村村民在拾，现在好了，实行包山拾菌，村集体有了收入，在村里修建了公厕、硬化了道路，村内环境越来越好，每年年底，全村还进行分红，我们家六口人分到了3000元，这钱够买很多菌子了。’村民张培森高兴地说。”曾梦琪：《河西镇跑出集体经济增长“加速度”》，载《玉溪日报》2022年9月22日，第5版。

[2] 也有其他省效仿这一模式或做法。参见王庆、杜忠友、张蓉等：《贵阳市乌当区林下经济发展现状问题及建议》，载《南方农业》2022年第5期。

[3] 常钦、叶传增、胡婧怡等：《守护“舌尖上的幸福”》，载《人民日报》2022年5月10日，第7版。

[4] 孟祥江、赖庆奎、谢和生：《野生食用菌资源可持续利用管理模式探讨——以云南省宜良县小哨生态村为例》，载《资源开发与市场》2010年第3期。

[5] 杨志红：《包山拾菌——森林管护的新举措》，载《云南林业》2003年第4期。

[6] 党晓培：《农文旅融合壮大集体经济》，载《云南日报》2022年8月14日，第6版。

目前，制度实践意义上的森林资源资产化通常都不包括野生动物资源。国有森林资源的经营权、集体林地承包经营权，权利的性质是以保持和获得林木所有权为目的的民法上的地上权，所支配的对象并非森林资源整体。如果仍然循森林资源资产化视角，野生动物资源似乎应该衍生出独立的野生动物资源资产化路径。历史和现实提供的已有途径至少是，作为森林资源产品的猎物具有资产属性并在森林资源资产化之前就发生了。对此，慎到和商鞅都讲了同样一个故事，即作为自然资源状态下的兔子可“百人逐之”，而被猎获后，则即便“积兔满市”，行者也不取（或曰“卖兔者满市，而盗不敢取”）。[1] 当下，即便野生动物资源属于国有，不变的是野生动物的经营利用者仍然拥有野生动物的所有权——一个不需要法律言明而人们普遍接受的事实。[2] 但是，野生动物（尤其是陆生野生动物）必然高度地与林地、林木重叠错落于森林这一空间下。因此，仍然有必要讨论属于国有的野生动物资源自然状态下与林权实现间的关系。而且我们也看到，随着这些年森林覆盖率的提高，野生动物的栖息环境得到局部改善，更多的野生动物在林地和森林中出没，甚至进入人类活动区域。因此，除林木之外的植物资源之外将野生动物资源纳入讨论，具有极强的理论和现实的意义，是森林资源资产化命题的2.0版，是新时代生态文明建设提出的更高层面需要而同时必须面对和回答的问题。

第二节　野生动物利用中资源与资产的双重属性

通常，人（类）难以对处于自然状态下的野生动物进行现实支配，因此也无法如地上定着物的林木那般对其进行确权。[3] 然而，一方面，为了避免

---

〔1〕 参见王利明：《定分止争与定纷止争》，载《当代贵州》2015年第31期。

〔2〕 参见常纪文：《〈野生动物保护法〉修改的难点和亮点》，载《中国生态文明》2016年第4期。

〔3〕 参见梁慧星：《不宜规定“野生动物资源属于国家所有”》，载《山东大学法律评论》2007年第00期。

野生动物“百人逐之”的命运和保护野生动物资源，法律上规定和强调野生动物资源属于国有；另一方面，现行《野生动物保护法》配套建立了主要基于非商业性利用为目的的猎捕证制度，并确立了非经批准或没有合法来源不得交易野生动物的规范。因此，野生动物资源及其产品——尤其是珍贵、濒危野生动物及其制品，难以成为森林资源资产化的对象。[1] 在我国，野生动物资源的资产化是通过人工繁育及其利用这一特殊途径来实现的。2022 年再次修订的《野生动物保护法》将“三有动物”人工繁育纳入管理范围。为最大限度保护野外种源，除物种保护目的科学研究机构进行人工繁育外，以出售、利用为目的人工繁育纳入有关目录中的野生动物的“应当使用人工繁育子代种源”。[2] 对列入相关人工繁育名录的野生动物及其制品，取得许可证或者办理了繁育“三有动物”备案的野生动物经营利用者，享有按照县级以上人民政府野生动物保护主管部门核验的年度生产数量，直接取得专用标识，凭专用标识[3]出售、利用的权利。

在全国人民代表大会常务委员会《关于全面禁止非法野生动物交易、革除滥食野生动物陋习、切实保障人民群众生命健康安全的决定》（以下简称《禁食野生动物决定》）的基础上新修订的《野生动物保护法》，未如决定那样明示禁止食用人工繁育、饲养的野生动物，[4] 但在人工繁育野生动物实施许可证和备案制度管理的体制下，食用为目的人工繁育野生动物存在空间有限，新法下借由人工繁育实现野生动物资源的资产化受到了一定的限制。但

---

[1] 参见杨爱华、谢嗣强：《森林资产流转中资源所有者的法律地位探究》，载《林业经济》2015 年第 6 期。

[2] 参见《野生动物保护法》第 25 条第 4 款、第 26 条第 1 款。

[3] 《濒危野生动植物种国际贸易公约》（CITES）在 20 世纪 90 年代开始要求对特定物种或特定产品实施标识管理。我国 2003 年 5 月 1 日开始对陆生野生动物及其制品开展专用标识管理试点，现标识试点范围已涵盖中成药、乐器、标本等数百种野生动物制品，用户超过 3200 多家。

[4] 《全国人民代表大会常务委员会关于全面禁止非法野生动物交易、革除滥食野生动物陋习、切实保障人民群众生命健康安全的决定》第 2 条第 1 款、第 2 款规定，全面禁止食用国家保护的“有重要生态、科学、社会价值的陆生野生动物”以及其他陆生野生动物，包括人工繁育、人工饲养的陆生野生动物。全面禁止以食用目的猎捕、交易、运输在野外环境自然生长繁殖的陆生野生动物。

总体上，《野生动物保护法》仍坚持了普遍禁猎基础上更为务实的“规范发展野生动物养殖业，以满足畜牧业、渔业和中医药业对动物产品的需求，（以）减轻对野外野生动物资源的利用压力”。[1] 这一制度性选择较之于西方国家“普遍开展运动狩猎”“海洋捕捞”等直接以野生动物为对象的资源利用方式，[2] 更符合生态现代化理论揭示的趋势和要求。基于“保护优先、规范利用、严格监管”的原则，在许可或备案管理之外，《野生动物保护法》所采中国特色的野生动物目录制管理[3]也得到强化，新法强调应适时调整人工繁育野生动物名录并兼顾不同目录之间的衔接。

因此，诚若生态现代化及其理论提供的路径选择是正确的，那么，我们就应有充足的底气和勇气在法解释学和教义学上论证好、解释好我国的《野生动物保护法》，以保障包括人工繁育等在内的相关活动的组织和个人的合法权益。

---

〔1〕 2022年修订的《野生动物保护法》第29条第3款规定，对符合《中华人民共和国畜牧法》第12条第2款规定的陆生野生动物人工繁育种群，经科学论证评估，可以列入畜禽遗传资源目录。因此，以食用为目的人工繁育列入畜禽遗传资源目录的野生动物，是允许的。但列入畜禽遗传资源目录的人工繁育、饲养的野生动物是否还属于《野生动物保护法》的范围，不无疑问。另外，处于《野生动物保护法》射程范围内的，即对于调出国家重点保护野生动物名录和有重要生态、科学、社会价值的陆生野生动物名录的人工繁育野生动物，立法表述为“可实行与野外种群不同的管理措施”，这就存在可扩大利用范围至食用的可能。在2021年《野生动物保护法》最后的立法审议过程中，针对有的部门、专家学者、企业和社会公众提出：2016年《野生动物保护法》规定人工繁育调出国家重点保护野生动物名录的野生动物实行与野外种群不同的管理措施，建议“扩展到有重要生态、科学、社会价值的陆生野生动物，经过科学评估论证，在加强野外种群资源保护和严格监管的同时，实行人工养殖的种群与野外种群区别管理。实践中从事规模养殖、出口食用昆虫（蝎子、竹虫、蝉等）类野生动物可不作为野生动物进行管理。”宪法和法律委员会经同国家林业和草原局研究，建议采纳上述意见，增加规定制定“人工繁育有重要生态、科学、社会价值的陆生野生动物名录”，明确实行“与野外种群不同的管理措施”，建立有关出售、利用“专用标识”制度。参见全国人民代表大会宪法和法律委员会关于《〈中华人民共和国野生动物保护法（修订草案）〉审议结果的报告》，载中国人大网2022年12月30日，http://www.npc.gov.cn/npc/c30834/202212/1783bfa7a6144df6bc22967dec00a1f9.shtml。

〔2〕 周训芳：《全球化进程中的野生动物管理理念和制度》，载《野生动物学报》2021年第4期。

〔3〕 何跃军、陈淋淋：《人与自然是生命共同体——“环境法中的法理”学术研讨会暨“法理研究行动计划”第十三次例会述评》，载《法制与社会发展》2020年第2期。

一、人工繁育野生动物者仍拥有应有的民事权利

（一）我国《野生动物保护法》中野生动物资源的利用活动

将野生动物视为自然资源与自然资产〔1〕的我国《野生动物保护法》，强调“保护优先、规范利用”原则并调整“野生动物保护及相关活动”。故野生动物的“利用”这一概念，理应是理解我国《野生动物保护法》核心概念之一。但令人感到困惑的是，何为野生动物的“利用”并非总是清晰的。

首先，利用是与野生动物紧急救助、收容救护、种群调控等野生动物保护活动相应的概念，但《野生动物保护法》第18条第2款规定，对属于保护活动的基于种群调控目的猎捕野生动物，所猎获的野生动物也可“按照国家有关规定进行处理和综合利用”。另外，野生动物的放生，尽管不是野生动物的利用活动，但也不一定、不尽然是野生动物的保护活动。

其次，利用是与非利用行为相反之概念，区分二者有助于明确法律界限。

清晰的是《野生动物保护法》在第35条中列举了“科学研究、人工繁育、公众展示展演等”利用野生动物及其制品的活动，结合该法第28条，对于利用国家重点保护野生动物这些活动，需要野生动物保护主管部门特别批准，并由其进行“规范和监督管理”。另外，《野生动物保护法》第30条第2款、第31条“野生动物及其制品（可）作为药品”“野生动物及其制品（不可）制作的（为）食品”作了规定，似乎也是相对清晰的，但是它们若出离生产、经营活动空间而进入个人消费领域之私空间，如个人将野生动物作为宠物饲养或个人食用已加工为（熟）食品的野生动物及其制品，就不应属于野生动物的利用行为，而是野生动物及其制品的非利用行为。

传统上根据是否有营利目的，野生动物的利用可以分为经营性利用和非

〔1〕何跃军、陈淋淋：《人与自然是生命共同体——“环境法中的法理”学术研讨会暨“法理研究行动计划”第十三次例会述评》，载《法制与社会发展》2020年第2期。

经营性利用，这在商事组织法上、[1] 行政执法的分工[2]和刑法的适用上[3]有重要意义。不过需注意的是，“科学研究、人工繁育、公众展示展演”等法条具体列举的野生动物利用行为，不能被简单地归入营利性或非营利性利用的范围。如公众展示展演，一方面其对野生动物的利用既可以是营利性也可以是非营利性的，另一方面与主体是不是营利性法人或组织无关。

再次，在具有截段、截短特征的《野生动物保护法》以“猎捕、杀害”“出售、购买、利用”“运输、携带、寄递”等为内容的相关法条中，若系国家重点保护野生动物，因其之珍贵、濒危性，则不论其生活在野外环境还是处于人工繁育的条件下，或者无论是在前述行为的任一阶段，禁止“杀害”总是一个相对清晰的规则。但是，除《野生动物保护法》第 35 条列举的外，药用、皮草用野生动物资源，通常会伴随有杀害野生动物之可能。

最后，根据《野生动物保护法》第 30 条“利用野生动物及其制品的，应当以人工繁育种群为主”，而据该法第 35 条将人工繁育野生动物本身视为野生动物资源的利用行为。这种不清晰性的解决，本章认为可将第 35 条限定为仅利用野外种群资源进行人工繁育而得到解决。换言之，野生动物人工繁育也不能一般的视为野生动物资源的利用活动。

（二）民法学视界下野生动物的利用活动

前揭对野生动物的利用活动进行了初步分析并做了一定的区隔和类型化。但是，《野生动物保护法》重在对野生动物的源头管理。[4] 据此，本章认为野生动物的利用主要有两种类型：一是从野外猎捕野生动物的后续利用，二是人工繁育野生动物及其伴随或后续的利用。这两种利用性质有别，对权利

[1] 以营利为目的，经营野生动物之人工繁育、买卖、加工、进出口的，在需要批准或取得相关许可证外，还要依法取得营业执照。

[2] 参见《野生动物保护法》第 50 条第 3 款、第 52 条第 1 款和第 2 款、第 53 条。

[3] 参见最高人民法院、最高人民检察院颁布的《关于办理破坏野生动物资源刑事案件适用法律若干问题的解释》第 5 条。

[4] 参见《野生动物保护法》第 28 条第 2 款、第 3 款，第 34 条第 2 款，第 36 条第 1 款第 4 项，第 52 条第 1 款、第 2 款等。

人的相关权利的限制存在差异。

根据《野生动物保护法》和《陆生野生动物保护实施条例》的规定，猎捕国家重点保护野生动物，除种群调控、疫源疫病监测等情况外，基于“科学研究项目”“国家医药生产任务”“宣传、普及野生动物知识”“教学、展览”“因国事活动的需要”等目的猎捕野生动物，[1] 在确定了猎捕目的同时也就明确了后续之具体利用行为的用途。前述目的性利用行为，具有单一性和特定性，并具有在猎捕之前就明确了的用途的确定性。换言之，猎捕后的后续利用行为，要受猎捕目的的约束，不能逾越。而且，即便是经批准，通过出售、购买和其他途径最终获得野生动物及其制品的拥有者在具体管理上也要强调“未经原猎捕地野生保护主管部门批准，不得改变原猎捕许可设定的猎捕野生动物及其制品的利用目的和用途”。[2] 本章认为，对猎捕野生动物后续利用行为进行这样的理解和限定是合理的。在一般意义上，猎捕者通过猎捕行为，虽从民法的角度看也获得了法律默示意义上特定野生动物的所有权，然而，这种所有权既没有给付对价给野生动物资源的所有者国家，其进行猎捕又系特许而为，因而带有“特权”性质（普通公民显然无法均等地获得猎捕国家重点保护野生动物的狩猎权、猎捕权）。因此，对猎捕野生动物后续利用行为进行这样的理解和限定，无可厚非。

但是，野生动物猎捕的后续利用受到事先的、特别目的性限定，这并不完全适用于人工繁育及其伴随的后续利用。在民法意义上，人工繁育野生动物所有权的获得也是原始取得，但其是“自然孳息”而非带有特权性质的“先占”。因此，其所有权的全部权能（占有、使用、收益、处分），至少在基底上应该得到全部承认。现在，尽管国外有立法例认为“动物不是物”，[3] 但我们远没有到承认动物是民事权利主体的阶段——在具体的法律适用和法律解释中，显然还是按照动物是物进行基础性的找法和用法的。只是，生态文明建设还是到了我们必须承认动物福利的阶段，[4] 因此，《野生动物保护

[1] 参见《陆生野生动物保护实施条例》第 11 条。

[2] 参见《野生动物保护法》第 21 条第 2 款、第 28 条第 2 款。

[3] 吕忠梅课题组：《“绿色原则”在民法典中的贯彻论纲》，载《中国法学》2018 年第 1 期。

[4] 参见王倩慧：《动物法在全球的发展及对中国的启示》，载《国际法研究》2020 年第 2 期。

法》第26条第1款规定："人工繁育野生动物应……根据野生动物习性确保其具有必要的活动空间和生息繁衍、卫生健康条件……不得虐待野生动物。"

在《野生动物保护法》修改研讨中，有同志提出，"应当进一步规范国家重点保护野生动物管理。建议修改《野生动物保护法》第25条、第26条，限定人工繁育和利用国家重点保护野生动物的目的、种类和形式"。新《野生动物保护法》则规定"人工繁育野生动物实行分类分级管理"，并授权其具体管理办法"由国务院野生动物保护主管部门制定"。因此，新法虽受到上述建议的影响，但事实上并没有完全采纳这一建议。[1] 在新法强调人工繁育野生动物实行"分类管理"下，如何在该法人工繁育野生动物的规范体系下进行管理分类，是一个值得思考的问题。根据《野生动物保护法》的规定，在第一层的分类上可以区分出鼓励性的科学研究机构因物种保护目的人工繁育和限制或中立性目的的其他的野生动物人工繁育。[2] 在分类的第二层即对非物

〔1〕 新《野生动物保护法》第25条第1款增加前段"人工繁育野生动物实行分类分级管理，严格保护和科学利用野生动物资源。"增加第3款"人工繁育有重要生态、科学、社会价值的陆生野生动物的，应当向县级人民政府野生动物保护主管部门备案"和第6款"人工繁育野生动物的具体管理办法由国务院野生动物保护主管部门制定"，结合其他保留条款的局部修改，第25条总的精神是将包括科学研究机构因物种保护目的人工繁育国家重点保护野生动物，以及人工繁育"三有动物"全面纳入许可或备案管理范围。第26条第1款强调人工繁育野生动物"不得违法猎捕野生动物"，第3款提示性规定国家重点保护野生动物之外的"人工繁育的野生动物放归野外环境的，适用本法有关放生野生动物管理的规定。"另外，新增第27条"人工繁育野生动物应当采取安全措施，防止野生动物伤人和逃逸。人工繁育的野生动物造成他人损害、危害公共安全或者破坏生态的，饲养人、管理人等应当依法承担法律责任"。

〔2〕 "环保组织诉西双版纳野象谷景区虐待动物"受到舆论关注。该案若按新《野生动物保护法》，本章认为关键问题包括：一是被告承担着"中国云南亚洲象种源繁育基地"项目，并不意味着其同时获得展示展演目的的人工繁育亚洲象的权利能力——因为二者在获得许可证的条件上是不同的，前者为法律所鼓励，后者为法律所限制。换言之，业者不能以法律鼓励的事项达到法律所限制的目的。二是假设被告获得了展示展演目的人工繁育亚洲象的许可证，则其采用的驯化手段不能被视为对亚洲象的虐待行为。三是能否进行公众展示展演，仍然需要再行获得野生动物保护主管部门的批准。这三个问题在理论上的归结是，新《野生动物保护法》将"科学研究机构因物种保护目的人工繁育国家重点保护野生动物"纳入许可证管理范围，意味着其具有独立性和目的的单纯性。换言之，不能基于物种保护目的人工繁育许可证进行附带其他任何目的的野生动物人工繁育。参见《全国首例大象公益诉讼开庭：环保组织诉西双版纳野象谷景区虐待动物》，载澎湃新闻网2023年4月10日，https://www.thepaper.cn/newsDetail_forward_22639060。

种保护目的的野生动物人工繁育，可以据技术成熟程度等因素分为以下三种：“国家重点保护野生动物名录和有重要生态、科学、社会价值的陆生野生动物名录中野生动物之人工繁育”、“调出国家重点保护野生动物名录和有重要生态、科学、社会价值的陆生野生动物名录的野生动物之人工繁育”、人工繁育《国家畜禽遗传资源目录》中“野生动物”之人工繁育等[1]。在上述共计4类的人工繁育野生动物的分类体系中，确实第一类和第四类是有确定的用途的。然而，更具普遍性的其他两类野生动物人工繁育，则并非按目的或用途成立的。诚然，即使人工繁育许可证或备案管理中记载人工繁育的目的或用途，但以此方式特定化的诸如药用、毛皮用目的的人工繁育，落实到实践是否其用途不见得只能遵循一以贯之而不能改变。换言之，若权利人基于市场需求变化等，虽系基于药用取得人工繁育许可证，但其又进行展示展览目的的野生动物人工繁育——显然后者对野生动物的伤害要轻得多，符合比例原则而相对有利于野生动物的福利。所以，在人工繁育野生动物的第二层的分类中，存在人工繁育目的或用途的转换空间。

总之，民事法“非限制，就自由”精神在公法色彩浓厚的野生动物保护领域，仍有一定程度信守的必要。[2] 具体来说，人工繁育目前主要的限制性事项，一是禁止食用为目的的野生动物人工繁育，[3] 二是人工繁育野生动物，在驯养过程中原则上应当禁止与目的行为不符的任意遗弃、虐待野生动物行为。

最后需注意的是，虽人工繁育的目的会影响驯养行为，但目的行为仍属野生动物的利用范畴。换言之，人工繁育野生动物本身之规范体系是难以对

---

[1] 参见《野生动物保护法》第29条。

[2] 参见苏永钦：《体系为纲，总分相宜——从民法典理论看大陆新制定的〈民法总则〉》，载《中国法律评论》2017年第3期。

[3] 人工繁育《国家畜禽遗传资源目录》中“野生动物”除外。

利用行为进行全面规范。[1]

二、如何协调人工繁育野生动物的资源和资产属性

如果认为新冠肺炎疫情的暴发具有划时代的意义，进而认为当代人的时间史可以划分出暴发前和暴发后，[2] 那么可据此考察人工繁育野生动物在维护生态平衡上于新冠肺炎疫情暴发前后意义的变化。在暴发前，人工繁育野生动物的立法的目的是通过野生动物的资产化利用，以“人工”的方式代替对“自然”状态中野生动物的利用——这对于已经失衡的自然生态只是“止血”，自然的生态平衡恢复，并不是人工繁育野生动物所考虑和关注的问题。

与此相应，现行《野生动物保护法》支持的也仅是基于物种保护目的的由科研机构进行的不以出售、利用为目的的野生动物人工繁育。新冠肺炎疫情的暴发使禁食野生动物不仅是高层政治性决定，也快速地达成了全民共识，进而在法治层面形成强大的规范性力量。当然，其间也有人提出过激性主张，认为为了人类的安全，为了阻断野生动物携带的病毒的传播，应当对野生动物进行生态处置。[3] 且不说这种极端的、追求人类绝对安全的人类中心主义主张同人与自然和谐的生态文明的理念不合，更重要的是，其主张显然缺乏制度建构所必需的经验基础。[4] 非典是第一次而新冠是第二次，病毒溯源调查中滥食野生动物成为关注的焦点。全国人大常委会《禁食野生动物决定》提供了制度变革契机，为促进生态文明建设，物种保护目的下应当支持和鼓

---

〔1〕 仍如野生动物的展示展演，除根据《野生动物保护法》第28条第2款的规定，利用国家重点保护野生动物及其制品进行公众展示展演，应当经省级“野生动物保护主管部门批准，并按照规定取得和使用专用标识”外，所有野生动物（包括人工繁育野生动物）的公众展示展演，遵守的主要是《野生动物保护法》第28条第6款的规定，即“利用野生动物进行公众展示展演应当采取安全管理措施，并保障野生动物健康状态，具体管理办法由国务院野生动物保护主管部门会同国务院有关部门制定。”

〔2〕 参见赵汀阳：《病毒时刻：无处幸免和苦难之问》，载《文化纵横》2020年第3期。

〔3〕 参见绿政公署：《国家林草局：对在养野生动物坚决反对一律灭杀、放生或遗弃》，载澎湃网2020年5月29日，https：//www. thepaper. cn/newsDetail_ forward_ 7618761。

〔4〕 参见宋清华：《经验理性与制度演进》，中国社会科学出版社2007年版，第20~34页。

励进行包含野生动物野化训练、野生动物放归野外内容的人工繁育野生动物。[1]

促进生态恢复的野生动物人工繁育，实际上存在较大的需求：一方面是政府主导的进行生态修复、生态建设工程的需求，另一方面一些环保组织、宗教团体等进行的野生动物放归、放生，尽管需要规范但仍有其积极意义。相应地，人工繁育野生动物的从业者，不需要自己或出售给他人进行药用或获取动物的毛皮，同时能够获得一些利润。从上述意义上讲，目前实践中就不只是以食用为目的人工繁育野生动物的退出问题，而是人工繁育野生动物及其产业的升级问题。

第三节　传统林权制度的新内容

传统林权制度具有林地用途定限性（系农用地而非建设用地），法律上的强物权性和流转上的买断性、一体性等特点。[2] 但过去的研究，着眼于林地承包经营权以林木为中心的地上权的性质，忽略其间生存的野生动物的考虑；同时，林地用途定限性僵化地在农村与城镇间画了一条线，不符合生态文明建设的整体要求。新冠肺炎疫情肆虐时，2020 年上半年起于非洲的沙漠蝗灾曾引起全球恐慌，只因被喜马拉雅山阻隔，沙漠蝗没有深入我国境内。但 2020 年下半年，我国西南边境地区还是发生了黄脊竹蝗灾害。别有意味的是，按云南本地媒体："竹蝗能被根除吗？多少年来，云南的黄脊竹蝗数量不多，吃的也很少，所以危害也很小。它们也是大自然缔造的物种之一，从生物多样性和生态平衡角度来看，数量不多的话危害也很小。用老百姓的话说，就是你有我有大家有，你吃我吃大家吃。所以，如果黄脊竹蝗不烦人，也就随

---

〔1〕 参见《野生动物保护法》第 26 条第 2 款。

〔2〕 参见谢嗣强、杨爱华：《林权流转主导模式与制度创新》，载《林业经济问题》2015 年第 6 期。

它去了。”[1]

我国《野生动物保护法》只针对“国家重点保护野生动物”“有重要生态、科学、社会价值的陆生野生动物”“地方重点保护野生动物之外的其他陆生野生动物”确立了狩猎行政许可制度。另外，根据《野生动物保护法》第20条第1款“在自然保护地和禁猎（渔）区、禁猎（渔）期内，禁止猎捕以及其他妨碍野生动物生息繁衍的活动，但法律法规另有规定的除外”的规定，因自然保护地全面禁猎，故本可在此范围建立针对“其他陆生野生动物”狩猎的行政许可制度。但立法者并没有这样做。因此，在我国“其他陆生野生动物”的猎捕，属于无证猎捕。在《野生动物保护法》范围内，无证猎捕行为仅受该法第24条第1款的直接限制，[2] 即“禁止使用毒药、爆炸物、电击或者电子诱捕装置以及猎套、猎夹、捕鸟网、地枪、排铳等工具进行猎捕，禁止使用夜间照明行猎、歼灭性围猎、捣毁巢穴、火攻、烟熏、网捕等方法进行猎捕，但因物种保护、科学研究确需网捕、电子诱捕以及植保作业等除外”。但本章以黄脊竹蝗开启的捕捉昆虫进行利用问题的讨论，如果认为其中的昆虫属于林业有害生物，进而属于“植保作业”之对象，则其几乎完全脱离了《野生动物保护法》的规范范围。因此，从民事法角度对这一问题进行探讨，并从中理出基本的规范逻辑，其意义自不待言。

---

〔1〕《云南竹蝗发生区域扩展至7县区竹蝗怎么治？专家解答来了》，载云南网 http://gongyi.yunnan.cn/system/2020/07/23/030823443.shtml。

〔2〕从此意义上讲，《野生动物保护法》第24条具有基础性。自人类进入近现代以来，由于新工具新科技的使用，人类征服自然的手段和能力，以及对自然的攫取和破坏的能力得到极大的提高。现代野生动物保护法对狩猎工具和方法的规定，是对现代性的有限接纳——可以使用猎枪而不是要求人们回到使用弓箭的前现代去，同时又对其进行限制以避免狩猎工具和方法随着科技进步而不断被发明或被持续现代化。由此形成的生态灾难，猎枪在“长18世纪”的普及和使用则又是明证。在中国，猎枪当然也是合法的狩猎工具，但“持枪猎捕的，应当依法取得公安机关核发的持枪证”。总之，正是在上述意义上“电捕野生蚯蚓”“播放音乐诱捕鸟类”等一些人的聪明之举，才会被认定为违法乃至犯罪，对因此造成的后果要承担民事（生态损害赔偿责任以行为违法为前提）乃至刑事责任。参见《民法典》第1234条、第1235条。

一、应当肯定林权主体利用昆虫资源的权利

生物学知识告诉人们，昆虫对农业生产和人类健康造成重大影响，是地球上数量最多的动物群体，在所有生物种类中——包括细菌、真菌、病毒，昆虫资源占比超过50%。[1] 经济学的知识告诉人们，只有某种资源具有稀缺性，才能产生产权制度——而野生动物资源中的昆虫，因为资源的丰富性，显然没有建立产权制度关注的必要。后者在法学层面，如某种资源不具有稀缺性，往往属于人民之自由，法律概不干涉。我国法律规定野生动物资源属于国有，但是无论是生活经验还是现行的野生动物管理制度，均仍在一般意义上承认人们利用和对待昆虫的自由。

体现在人们法意识层面，野生昆虫保护在《野生动物保护法》的理解、适用中也处于无意识、潜意识的维度。《野生动物保护法》禁止食用野生动物规范体系，包括“其他陆生野生动物”这样的兜底性一般条款。在法学中，“其他”属于不确定性概念，在解释论上，一是通过列举的方法进行外延上的明晰，二是通过类型学上的价值衡量进行内涵揭示。[2] 前者，笔者在例示时，昆虫首先就从人们原来无意识、潜意识层面窜出来——如禁食野生动物后，有地方野生保护主管部门的同志曾在向上级和立法部门反馈意见时陈述道：“对于蝗虫、野生蜂等昆虫……全部纳入保护监管范围，执法几乎不可能实现。”法社会学揭示的真理是，对一般意义上的规范（如杀人者要受到严厉的刑罚制裁）有价值共识，但在具体问题上，往往会价值迷失而无法得出判断（如激情杀人、“安乐死”一定要受到严厉制裁甚至这些行为就是犯罪吗）。[3] 同样的道理，禁食野生动物指向一切陆生野生动物，我们表示同意。然而，一方面，中国地域广大，有些地区存在食用野生动物的习惯；另一方面，人群中往往也会有中老年人存在食用过昆虫的历史记忆。这些地区和人群中，

---

〔1〕 参见陈瑜、马春森：《气候变暖对昆虫影响研究进展》，载《生态学报》2010年第8期。

〔2〕 参见张明楷：《刑法分则的解释原理》，中国人民大学出版社2004年版，第29～30页。

〔3〕 [美] 埃德温·萨瑟兰等：《犯罪学原理》（第11版），吴宗宪等译，中国人民公安大学出版社2009年版，第44页。

显然在具体面对是否能食用昆虫问题上，会面临困惑——如果因此而被执法他们也会有真实的麻烦。

（一）《野生动物保护法》禁食野生动物规范的解释论问题

禁食包括“其他”在内的一切陆生野生动物，即便将《野生动物保护法》的适用范围限于鸟兽等脊椎动物，[1] 该规范在整个国家法律体系中的效力仍然有存在和坚持贯彻的必要。有同志认为昆虫携带病毒风险小，不纳入《野生动物保护法》，乃至其他法律也不管，则忽视了当代社会系“风险社会”这一现实，不能避免将来还会重蹈非典、新冠肺炎外其他什么疫病大范围暴发的覆辙。解释，恰是我们面临“困惑”、面临“麻烦”时产生的，[2] 而法学能够提供的知识贡献，最重要的就是法律的解释。[3]

我们注意到《禁食野生动物决定》和《野生动物保护法》中，无论是对“三有”还是对“其他”，其直接规范表述的都只是“野生动物”，而其他条文以及在其他法律（如《刑法》等）中，禁食野生动物的间接规范都是“野生动物及其制品”的并列表述。更关键的是，2016 年《野生动物保护法》禁食野生动物的间接规范表述的是“禁止为食用非法购买国家重点保护的野生动物及其制品”和“禁止生产、经营使用国家重点保护野生动物及其制品制作的食品，或者使用没有合法来源证明的非国家重点保护野生动物及其制品制作的食品”。[4] 总结下来，在限制食用方向的野生动物资源资产化上，现行法的具体规制客体包括野生动物及其制品和野生动物及其制品制作的产品（食品）。我国法学界对于上述概念，尤其是野生动物制品，在食用野生动物范围内容未进行仔细研究辨明。笔者认为，此范围内的野生动物制品系指从野生动物体上直接分离的野生动物体的一部分（如象牙和鲜肉等）以及进行

---

〔1〕 参见刘兰秋：《日本野生动物保护立法及启示》，载《比较法研究》2020 年第 3 期。

〔2〕 参见沈宗灵主编：《法理学》，北京大学出版社 2001 年版，第 365 页。

〔3〕 参见桑本谦：《法律解释的困境》，载《法学研究》2004 年第 5 期。

〔4〕 与之相应的条文是新《野生动物保护法》第 31 条第 4 款（禁止为食用非法购买本条第 1 款规定的野生动物及其制品）和第 31 条第 3 款（禁止生产、经营使用本条第 1 款规定的野生动物及其制品制作的食品）。

了一定加工没但仍没有消失与野生动物同一性的物件等（如象牙雕件和加工制作的腌肉、腊肉等）。野生动物及其制品制作的熟食品则丧失与野生动物及其制品的同一性。因此，禁食野生动物范围的野生动物制品这一概念，不同于《产品质量法》中的产品，后者指的是“经过加工制作，用于销售的产品”。〔1〕野生动物制品与《产品质量法》中的产品概念存在交叉关系，在交叉部分，仅仅指的是没有丧失与野生动物自然属性同一性的产品。从类型学上看，我们已经指出现行法往往将野生动物及其制品并列表述，因此对《野生动物保护法》第31条第1款这一禁食野生动物直接规范的解释，其禁食的范围就不只是野生动物本身，而且包括前述限定解释的野生动物制品。另外，对于国家重点保护野生动物，结合现行《野生动物保护法》，则禁食的范围除野生动物本身及其制品外，包括野生动物及其制品制作的食品。

上述解释结论稍显烦琐复杂，是法律整体解释得出的结论。这里可以换一种提问方式，即《野生动物保护法》中禁食“其他陆生野生动物”，解释论上在包括“其他陆生野生动物制品”外是否还包括经过二者制作的食品？本章认为，在食用野生动物范围内《野生动物保护法》的保护对象原则上是野生动物及其制品，如果要对此外的对象形态进行保护，就必须明示，如对国家重点保护野生动物，禁食对象形态包括了“野生动物及其制品制作的食品”一样。〔2〕因此，对于《野生动物保护法》中的“其他陆生野生动物”，因为欠缺明示，禁食的范围就不包括“其他陆生野生动物及其制品制作的食品”。

（二）《野生动物保护法》禁食野生动物规范的解释结论及其运用

对新冠肺炎疫情暴发及其防治，目前我们获得的科学知识有限。其中的有效部分，看起来还是数千年来人类与病毒斗争所使用的“笨办法”。比如，通过隔离等方式，以减少人们与病毒接触和暴露在受污染环境的机会；又如，

〔1〕《经济法学》编辑组：《经济法学》，高等教育出版社2016年版，第386页。

〔2〕参见2014年全国人民代表大会常务委员会《关于〈中华人民共和国刑法〉第三百四十一条、第三百一十二条的解释》。

不能生吃食物，要对食材加工成熟食才能食用——当然还有“笨到智慧层面”的，如中医药在防治新冠肺炎中的杰出表现。上述解释结论及其运用禁止人们直接食用其他陆生野生动物（如生吃蝗虫的成虫或幼虫），但食用和交易、运输其他陆生野生动物及其制品加工制作的熟食（如将蝗虫油炸后制作的食品）则是允许的。从生态法层面来看，如果机械地理解《野生动物保护法》中的禁食野生动物规范，事实上就意味着处于生态链顶端的人完全退出了环环相扣的生态食物链。这并不符合生态学，尤其是人类生态学的观点。

当然，在《野生动物保护法》之禁食野生动物的规范“缝隙”中得出的对其他陆生野生动物的有限的食用性利用，仍有必要落实在《野生动物保护法》“野生动物管理”中去。其中又有两个原则需要特别提及：一是“最小接触”原则，[1] 二是“在地管理”原则。先就后者而言，在将其制作成熟食进行运输、交易之前，作为食材捕捉、加工昆虫等其他陆生野生动物及其制品的行为，只能在本地完成。为了加速这个过程，地方立法的管理性规定还可纳入以下内容：“运输、储存未经加工制作成熟食的其他陆生野生动物及其制品，应当一律予以收缴。”根据最小接触原则，由于昆虫为代表的其他陆生野生动物往往属于活动区域有限的本地物种，其捕捉行为、加工食材等直接面对野生动物的行为，根据最小接触原则，应由可能已有抗体而感染野生动物携带病毒风险较低的本地人实施——由此，减少人群（尤其是外地食客）暴露于病毒的环境的机会。

（三）可食用昆虫捕捉权是林地承包经营权的当然内容和附带效果

我们前面指出，野生昆虫资源的相对丰富性这一点就使它们难以资产化。但是，这一判断并没有引入法律规定出现变化这一变量。其实，法律禁止产生的稀缺性并非就没有先例——比如，美国20世纪30年代的禁酒令，就促使了地下交易酒精饮料市场的产生。[2] 我们已经论述到，对昆虫的食用，应

---

[1] 参见段礼乐：《禁食野生动物立法的制度进路》，载《深圳特区报》2020年4月14日，第B04版。

[2] 参见凌斌：《规则选择的效率比较：以环保制度为例》，载《法学研究》2013年第3期。

当由本地人“自然”垄断进行昆虫的捕捉和进行食材的加工，而外地人则处于食客的地位（到昆虫产地旅游而食用）。因此，在外地人消费的刺激下，至少就产地的昆虫资源而言，就会产生稀缺性。保护资源不被滥用，以及更现实地避免因资源的总体或局部稀缺而导致的因资源利用产生的社会冲突，建立经济学上的产权制度或法学意义上的物权制度是必要的。

针对野生动物资源（尤其是珍贵、濒危野生动物）的保护，我国通过《野生动物保护法》等法律法规，建立了公法色彩极为浓厚的狩猎权制度——其与得到《民法典》明示的准物权中的捕捞权有相似性。即使这种狩猎权，除其对象限于受保护野生动物外，因缺乏民事法的肯定，进而在能否通过使用者付费原则（如通过拍卖方式）设立等方面遭遇困难，进而导致其难以资产化。因此，从现行《野生动物保护法》来看，准用其野生动物猎捕管理制度是难以调整因有限食用而带来的资源稀缺性的。其实，我国《野生动物保护法》上的所谓狩猎权，不同于欧洲大陆法系而受英美制定法意义上狩猎法的影响更大。[1] 这种不同，主要体现在与土地的关系上。[2] 德国《联邦狩猎法》第3条第1款规定：“土地所有人在自己的土地上拥有狩猎权。狩猎权与土地所有权密不可分。狩猎权不能作为一项独立的物权。”事实上，英国普通法对野生动物的合法占有也预设了三种情况：“第一种是凭借技艺、驯化和其他控制手段，使野生动物不再回归自然，否则便意味着占有权的丧失；第二种是经由土地所有权占有野生动物，即土地所有者对栖居于土地之上的野生动物拥有占有权，动物一旦离开土地，占有权便不再成立；第三种是通过狩猎特权而占有野生动物，即拥有狩猎特权的人可以追踪、猎杀、占有猎物，

---

〔1〕 基于身份特权的英国《1671年狩猎法》经历了“长18世纪”转型后被霍菲尔德意义上的特权—自由权意义上的《1831年狩猎法》代替。参见许志强：《狩猎与盗猎——英国“长18世纪”转型视域下的狩猎法变迁》，载《史学集刊》2021年第6期。

〔2〕 在狩猎行为可以使用他人土地狩猎的立法例下，土地的权利人也有一定的防御权。《意大利民法典》第842条第1款规定：“土地的所有人不得阻止他人进入土地狩猎，但是，所有权人按照狩猎法规定的方式关闭土地或者进入土地可能给正在生长的、容易被毁坏的作物造成损害的情况除外。”我国台湾地区原“狩猎法”第8条规定：“狩猎人于他人园林或有围障之地区内狩猎者，非先得所有人或看管人之同意，不得为之。”

这种占有形式依赖于特权，而独立于土地所有权或占有权。其制定法意义上的狩猎法主要是对第三种占有方式的保护。”

出现上述差异，据民法学者分析主要还是因为我国法强调野生动物资源属于国家所有。[1] 然而，诚如前述，除珍贵濒危的野生昆虫资源外，一般意义上的野生昆虫资源的国家所有仍然具有特殊性而更类似于无主物。同时，与一般的野生动物相比较，昆虫在一定土地（就森林资源而言，即为林地）上的存在，其流动性和变化性要弱得多，更容易符合一般讨论中强调的狩猎权客体中狩猎场所特定化这一要求。昆虫捕捉作为一种与占有土地有关的“狩猎权”，属于无证猎捕且有其特殊性。在我国，承认林地经营权人有在自己林地范围内的森林中捕捉可食用昆虫的权利，既不可被视为一项独立的物权，且诚如本章前述也不应视为林权之直接内容，但与林木之外的植物资源不同，其却可以视为林权行使之附带内容或林权之附带效果。虽然现行的野生动物保护立法，从保护野生动物维护生物多样性和生态平衡出发，已摒弃了“有害”与“无害”野生动物之划分。[2] 但是，林业有害生物一直是林业和森林经营中的严峻课题，[3] 林业有害生物防治历来也是森林法调整和规范的重要事项。1989年制定且目前仍然有效的《森林病虫害防治条例》第 4 条第 1 款规定，森林病虫害防治实行“谁经营，谁防治”的责任制度，其第 7 条则是森林经营单位和个人为预防森林病虫害而在经营活动中应当遵守一些具体规定。2019 年修订的《森林法》强化了林业主管部门和地方人民政府对检疫性有害生物、重大林业有害生物灾害的防治责任，但该法仍在同条即第 35 条第 4 款规定：“林业经营者在政府支持引导下，对其经营管理范围内的林业有害生物进行防治。”

---

〔1〕 参见戴孟勇：《狩猎权的法律构造——从准物权的视角出发》，载《清华法学》2010 年第 6 期。

〔2〕 参见曹明德、王良海：《对修改我国〈野生动物保护法〉的几点思考——兼论野生动物资源生态补偿机制》，载《法律适用》2004 年第 11 期。

〔3〕 尚文博：《我国林业有害生物防控形势严峻》，载《中国绿色时报》2017 年 12 月 26 日，第 1 版。

林业有害生物的自然属性还是社会属性,[1] 都具有相对性或曰主观性。与之相关的传统的、习俗的食用昆虫行为，在林业病虫害防治和文化传统上则提供了基于社会历史的客观性或曰间主观性。在自己承包的林地范围内，承认林地经营权人有在森林中捕捉可食用昆虫的权利，并将之视为林权或林地承包经营权行使之当然内容和附带效果，是可以成立的。

最后，“一般意义上的类似于无主物的野生昆虫资源的国家所有”，民事法上还是会对林权人可食用昆虫捕捉权的行使带来影响。因一般昆虫资源属于国有，普通公众（如游客）仍然有非基于食用目的的捕捉昆虫的权利，而同一集体经济组织的成员或更宽泛意义上的野生昆虫资源产地的居民，也仍然有捕捉可食用昆虫的权利。笔者认为，林权人基于森林经营权的捕捉可食用昆虫的权利，在与他者的关系上，主要是一个优先权问题。相对于外来者（如游客）非本地居民非食用目的之捕捉可食用昆虫，林地承包经营权人的基于食用目的的昆虫捕捉权具有优先效力。同一集体经济组织成员，以及更宽泛意义上的本地人，在林地上捕捉可食用昆虫的，林地承包经营权人的基于食用目的的昆虫捕捉权具有优先效力仍然存在，即非经林权人明示或可推知的默示许可，也不得以食用为目的的实施捕捉昆虫行为。

二、林下经营权也是林地承包经营权实现形式然其流转应采地役权模式并且都不能形成对森林空间的有形占用

林下经济是集体林权改革后由政府推动、林农积极参与所兴起的一种新型复合林业经营模式。野生菌、森林浆果坚果、森林野菜等的森林资源产品采集，在广义上也被归于林下经济的方式之中。不过，作为林地承包经营权人的一种经营权实现形式，应只限于利用森林空余空间按“近自然森林经营

[1] 参见曹玉桃、蔡永寿:《新形势下林业有害生物防治的新思路》，载《绿色科技》2016 年第 11 期。

原则”[1] 所进行的林下种菜、林下养蜂、林下食用野生菌“规模化的栽培”[2] 等人力资本投入更密集的经营形式。林下经营权，包含于林地承包经营权并与林地承包经营权有共同的性质。因此，林地承包经营权人不仅能阻止、排斥他人从事上述活动，而且基于生产经营活动（而非基于无主占有）其即能对产出直接取得产品的所有权。[3]

在“三权”分置的农地制度改革背景下，如果单独流转林下经营权，会出现如下分置格局，即集体林地所有权——林农仍在现实行使的林地承包经营权——林下经营权。在耕地承包经营权通过出租、入股等方式流转下，在流转后，耕地承包经营权人事实上就不可能再现实地占地有耕地了。在流转林地承包经营权而林农保留林木所有权的情况下，林地承包经营权人和经流转获得林下经营权者，仍然均现实地共同占用林地，则有悖于“同一物上不能并存两个以上内容相同的用益物权‘一物一权’原则”。[4] 要解决这一悖论，实际上涉及现代民法中所谓空间权问题。根据民法学者的整理，认为空间权包括“营造建筑物类空间权利和提供便利类空间权利”，后者“可以借助地役权的制度通道，成为法定的物权权利”。[5] 这种地役权，不同于两个空间上隔离的传统的地役权，而是以占有为前提的地役权。如此，在林农保留

---

[1] 惠刚盈、胡艳波、赵中华：《再论“结构化森林经营”》，载《世界林业研究》2009年第1期。

[2] 在特定地域环境下，其是前述“包山拾菌”在产业上的进一步发展，但二者在法律性质有别且不能与之混淆。“云南采用包山拾菌、保育促繁的方式统筹野生食用菌资源保护与利用……并通过选育驯化实现了羊肚菌、暗褐网柄牛肝菌等种类的规模化栽培，野生食用菌产业成为云南建设人与自然和谐共生的现代化的最佳实践之一。”参见丁美玲、王泽华、许悦：《建设人与自然和谐共生的现代化基层实践试点》，载《社会主义论坛》2022年第7期。

[3] 在广义林下经济下的“包山拾菌”模式中，“野生菌被他人偷拾”，是否构成盗窃不无疑问。且即使构成盗窃（罪），追问的话到底“偷”的是集体的财产还是“偷”的包山拾菌者的财产，仍是一个不能回避的问题——诉讼法上直接关联谁才享有相应的诉权。然而，诚如前文所显示的，包山拾菌模式必依赖于一个良好的社会基层治理模式，否则这一模式在包山拾菌者那里必有令其有担忧之处。

[4] 龙卫球：《民法典物权编“三权分置”的体制抉择与物权协同架构模式——基于新型协同财产权理论的分析视角》，载《东方法学》2020年第4期。

[5] 于明明、李磊：《民法典物权编编纂背景下的空间权利法律制度重构》，载《广西社会科学》2019年第10期。

林木所有权流转林下经营权时，实际上是林地承包经营权人在自己林地上给他人设立的地役权行为。因此，在实践中应由当事人通过签订地役权合同，由林地承包权人为对方设立地役权。而且需注意的是，通过流转获得林下经营权的当事人，其地役权性质的林下经营权，根据《民法典》第380条和第381条的规定，不得单独转让和单独抵押。这与一般意义上的“三权”分置中的土地经营权不同。根据《农村土地承包法》第46条和第47条的规定，流转土地的受让方是可以再次流转土地经营权和单独以土地经营权进行抵押的。

但是，如林下修建鸡舍、猪圈养鸡、养猪，则形成了对森林空间的有形占用，既不应成为林权之林下经营权的实现形式，也不能设置与之便利相关的地役权。目前，与林地整体用途相适应的占用林地行为，只有根据《森林法实施条例》第18条的规定“修筑直接为林业生产服务的工程设施”，经县级以上林业主管部门批准，才是合法的。前述在林地中进行林下养殖，如林下养猪修建猪栏猪舍，按照现行法律规定，实际上是非法占用林地行为。

三、集体林权如何服务于生态文明建设

森林生态旅游是一种对森林资源非直接攫取型利用，也被认为是林下经济发展的重要方向。在部分地区，局部占用林地发展森林生态旅游，一度得到地方立法的肯定。原《云南省森林条例》第15条规定，“在荒山造林六公顷以上的单位和个人，经县级以上林业行政主管部门审核并报同级人民政府批准后，可以利用其中百分之五的面积从事森林旅游开发和休闲设施建设”。[1] 但诚如前文已述及的，在林地上修建的旅游设施，应当与林业生产（服务）设施兼容才能有存在的空间。在受到节制的同时取得合法性。总之，即使是森林生态旅游这样的林下经济，也仍处于既有的林权制度之下。

这一思路同时应在城乡融合发展、促进生态文明建设的维度上来认识。通常，规划上林地属于农用地，绿地属于建设用地，二者形式上属于非此即

〔1〕 该条例2002年已被修改，该部分内容已被删除。

彼的关系。在城镇绿化建设中，很多城市可供城镇建设的平坝少，周边山地多。因此，城市（镇）建设用地局促，可用城市绿地少且零碎。规划用途上将山林地作为绿地，尤其是附属于建设工程设施之外的公共绿地成为某种必然。[1] 占用山林地进行城镇公共绿化建设是否有履行征占用林地手续必要，应进行的是实质判断而非拘泥于非此即彼的形式判断。如此，不仅能够解决公共绿地不足问题，而且予以保留的林权为林农的利益实现提供了更多的机制和制度通道。一方面，在纳入城市绿地系统规划的林地上建设的旅游休闲设施，在建设时和建成后，应当认为是给林地承包经营权间接设定地役权负担。[2] 另一方面，林农仍然保有林地承包经营权，其经营不再主要以获得林木采伐收益为目的，而是其他植物资源产品的采集、野生昆虫资源的捕捉和加工销售、林下植物的栽培和利用等整体森林资源的利用为目的。

上述思路也可体现在野生动物栖息地的保护方面。诚如地方野生保护主管部门同志所言："云南物种多样性丰富度高，但大部分生物多样性丰富的区域分布于生态脆弱的贫困山区，当地居民传统的生产生活方式对生物性资源的依赖程度较高，资源开发、生产发展、基础设施和城镇化建设又进一步加大了保护的压力，部分物种濒危状况尚未得到有效缓解和控制。云南代表性物种亚洲象、绿孔雀栖息地破碎化较严重，人象冲突问题突出。"因而建议在《野生动物保护法》第二章中增加"为维护重点保护动物生存需要，当地人民政府应当采取必要措施修复改善野生动物重要栖息地生境，支持通过赎买、

---

[1] 2017年《城市绿地分类标准》肯定了城市建设用地外的区域绿地为非建设用地下绿地的保护利用提出了新要求和目标。"区域绿地"包括森林公园、郊野公园等各类风景游憩绿地，自然保护区、公益林、生物物种栖息地等生态保育绿地，苗圃、花圃等生产绿地，区域设施防护绿地等。参见木皓可等：《从"其他绿地"到"区域绿地"：城市非建设用地下的绿地规划转型与优化》，载《中国园林》2019年第9期。

[2] 具体论证请参见本书第四章。

置换、补偿等方式迁出重要栖息地内的居民”。[1] 但是，将国家重点保护野生动物栖息地中的居民不分情形悉数迁出，并不是解决问题的最优和实践中可行的方案。比如，黑颈鹤这样的受保护鸟类，主要以农地残留农作物为主要食物，而在迁飞时节，则又会大量取食村民刚播种的农作物种子。在上述过程中，人与野生动物形成了一定依存性关系。此种情形下将栖息地中的居民迁出，可能会产生两种后果：一是野生动物因丧失食物来源，导致大量野生动物死亡；二是野生动物因缺乏食物而进一步进入人类活动区域。后一情况下为了保护珍贵濒危野生动物，又不得不扩大或建立新的野生动物保护区域。因此，上述建议应该修改为：“为维护重点保护动物生存需要，当地人民政府应采取必要措施修复改善野生动物重要生境，在评估人类活动与野生动物关系基础上，支持通过赎买、置换、补偿等方式全部或部分迁出重要栖息地内的居民。”

就我们提及的人与野生动物已形成依存性关系情形来说，对于栖息地内没有迁出的居民在野生动物栖息地保护方面具有重要的地位，一方面，在土地承包经营权的激励下，他们应当加强顺应自然环境的农业和林业生产；另一方面，基于他们对当地环境的熟悉，还可以承担野生动物保护巡护、救助等工作。林农的经济收入相应的由两部分构成：一部分是林业、农业生产损失的补偿，另一部分是巡护、救助野生动物的劳动收入。

第四节　结　　语

初看，林权确实显示了其复合概念。但是，这不符合法学上概念构造之明晰性要求。要厘清林权的性质、结构和内容，理论上应在对森林资源的全面审视基础上，坚持将林权置于森林资源的资产化（尽管是受限资产化）中

---

〔1〕《国家乡村振兴战略规划（2018—2022年）》中提及：“……完善重点领域生态保护补偿机制，鼓励地方因地制宜探索通过赎买、租赁、置换、协议、混合所有制等方式加强重点区位森林保护……”

去廓清其内容。[1]

传统上，森林资源资产化及对林权的认知，始终是“只见林木不见动物”。新冠肺炎疫情的暴发，人们首先反省人与野生动物在“吃与被吃”上的关系，波及的立法需求也首先是《野生动物保护法》的修改。然而，其次级效应还应涉及包括林权在内人类利用森林资源的这一整体的问题。这样的认识路径下，人工繁育野生动物，一方面其是人们开发利用野生动物资源的方式，另一方面又应将其置入野生动物资源保护的过程中。就林权制度而言，因林业病虫害防治本是森林经营的重要内容，经过法技术上的视角转换则应肯定林地承包经营权人有利用昆虫资源的权利；林下经营权的行使，应当排斥置入性的利用方式而应以森林资源的利用为对象，因林下经营中发生的流转、占用林地，则形成的是民法中的地役权关系。在城镇绿化建设中，应当适当打破林地作为农用地、绿地作为建设用地的格局。野生动物栖息地保护，要肯定林农仍存在于保护目标相一致的主体地位。

森林资源的有限资产化，现在看来不仅是森林资源资产化理论退潮后的一个总结，而且能在生态产品价值实现意义上就具体的森林资源重新激活森林资源的资产化。换言之，在森林资源受限资产化的有限范围内，我们也可以找到着力点并且大有可为。此过程中，初始复合面相的林权概念，通过对森林资源资产化素材的法学处理，同样也可以得到廓清、再结构化和整塑。

---

〔1〕 其实，生物多样性的保护，一定意义上也有必要首先从野生动物资源的角度看才能成立。已有研究成果揭示，无论是什么性质的猎捕（如前文所谓“运动性猎捕”），无论合法还是非法，若采“猎大放小”的人为策略，都会缓慢却可见的导致野生野生动物进化的改变。在纯自然竞争的进化过程中，本来具较大体型基因的个体动物更具竞争优势，但人为选择下的猎捕反而会造成野生动物种群平均体型逐渐变小的后果。这一方面确实印证了本书以“人类世”基点具理论上可靠性、可行性；另一方面，倘若价值判断上我们不能接受前述自然界野生动物体型的这种改变，尽管其不可接受性也可从“维护生物多样性和生态平衡”上进行初步论证，但是，如果我们直接说由于“捕大放小”导致了人类可利用之野生动物资源的减少，这种角度的论证反而更具说服力。前者问题之结在于，体型较小的种群的诞生增加了种群层面的生物多样性，由此则何言猎捕减少了物种多样性？总之，我国法律将野生动物视为自然资源和自然资产，不仅符合生态现代化理论，而且也具有科学性，我们没有必要妄自菲薄。参见［美］爱德蒙德·罗素：《进化的历程——从历史和生态视角理解地球上的生命》，李永学译，商务印书馆2021年版，第20~35页。

第六章　我国当前野生动物保护立法刍议*

在野生动物保护法立法审议过程中，立法者分别就扩大野生动物保护管理范围、加强野生动物栖息地保护（如自然保护地等）、野生动物致害等问题作出了回应。整体而言，野生动物保护在立法上的推进值得肯定。但是，在一定程度上，这些问题不只是立法问题，而首先是一系列教义学上需要解决的基础问题——立法过程，只不过使上述问题凸显出来但不能因此就认为这些问题如建议者期待的那样能获得全面地解决。[1] 当然，这些问题的集中度也让我们更清楚地认识到，生态法不是单纯为保护而保护，而是在保护的基础上直面人与野生动物之间关系的处理，而不是回避之。

第一节　我国《野生动物保护法》的特点

行动与结构之间具有密切的关系。“社会体系的产生、再生产与变化时涉及的规则与资源具有结构的二重性”；“结构既是人类行动的媒介，也是人类

---

* 本章研究获得西南林业大学校级文科项目资助，项目名称：设区的市城镇绿化地方研究（XJYB2018002）。

[1] 比如，争议更大的“对人工繁育国家重点保护野生动物实行许可管理，对人工繁育有重要生态、科学、社会价值的陆生野生动物实行备案管理”，这就涉及我国野生动物管理中的基本问题。诚如后述，在现行《野生动物保护法》中，诸如“野生动物及其制品”“野生动物栖息地”等重要概念，均有强调与人工繁育的野生动物相区别的一面——这是我国《野生动物保护法》的一个重要特点。如果如某些域外立法一样，强调野生动物除教育、学术研究等有限目的外，不得进行野生动物人工繁育，这确实意味着一个重大变化。但就生态法教义学而言，我们就不仅不能代替立法者作出决定，反而应在教义学层面进一步去澄清这些重要概念。

行动的结果"[1]。中国式现代化内在要求是“人与自然和谐共生的现代化”[2]。追寻《野生动物保护法》自身的历史轨迹和把握我国野生动物保护法特点，是这一进程中制度建构和实践时的重要前提。

一、人工繁育野生动物合法化和野生动物管理的目录制

周珂教授认为：“中国有中医药利用野生动物和国人吃野生动物的事实。基于这些事实，一定要严格落实现有制度对野生动物保护的规定，否则野生动物可能会很快灭绝。国外野生动物保护在认识论与事实上都更加注重动物福利，国外并不像中国一样将野生动物视为自然资源与自然资产。上述事实的差异决定了中国不能套用国外的立法论。因此，中国野生动物保护采用的是目录制，而不是国外野生动物保护通常采用的栖息地制。”[3]

周训芳教授则认为：一方面，“中国野生动物保护法中的狩猎许可制度、禁猎区和禁猎期以及禁用的工具和方法制度、猎捕总量控制制度等，一直与世界各国的狩猎制度整体上保持一致”；另一方面，《野生动物保护法》在强化了普遍禁猎的同时而仍然选择更为务实的“规范发展野生动物养殖业，以满足畜牧业、渔业和中医药业对动物产品的需求，减轻对野外野生动物资源的利用压力”——这一制度性选择，与西方国家“普遍开展运动狩猎”“海洋捕捞”等直接以野外野生动物为对象的资源利用方式不同。[4] 两位周教授的宏论，有助于加深我们对我国《野生动物保护法》及其修改的理解。

---

〔1〕 吉登斯结构化理论的核心概念之一是“结构的二重性”。社会体系由各种处于特定时间与空间的社会实践组成。一方面，行动者在行动时“被迫”利用现有的规则和资源——这种情况下结构是一种“媒介”，即它们让人类行动者得以采取行动。另一方面，这些结构反过来又得到了行动者行动本身的证实与强化。参见［德］阿瑟·莫尔、［美］戴维·索南菲尔德：《世界范围内的生态现代化——观点和关键争论》，商务印书馆2011年版，第75页。

〔2〕 吕忠梅：《人与自然和谐共生视野下的环境法学理论创新》，载《东方法学》2023年第2期。

〔3〕 何跃军、陈淋淋：《人与自然是生命共同体——“环境法中的法理”学术研讨会暨“法理研究行动计划”第十三次例会述评》，载《法制与社会发展》2020年第2期。

〔4〕 周训芳：《全球化进程中的野生动物管理理念和制度》，载《野生动物学报》2021年第4期。

二、未全面采行野生动物管理之一般规范构造反而突出了“三生融合”[1] 的价值和意义

从法解释的立场和视角来看，为贯彻全国人大常委会《禁食野生动物决定》和2022年修订《野生动物保护法》的有关规定，凸显出2022年修订《野生动物保护法》在野生动物管理形式外壳之外与域外法在规范构造上的差异。由此决定，亟须在认清这一规范构造基础上通过法解释畅通其管控方式和模式——否则，此次修法的目的及其意义可能再次失之交臂，进而导致新修订的《野生动物保护法》之精神未及全面实现而又成为批判和不断修订的对象。前述中外之别的把握，若只是局限于人工繁育野生动物及其利用领域，则不免有遮蔽问题之失，亦有视野狭窄之嫌。[2]

与2016年《野生动物保护法》的处境不同，全国人大常委会《禁食野生动物决定》，是新冠肺炎暴发回应高层的政治意志和全民的共识交合的体现；新修订的2022年《野生动物保护法》则将全民共识和意志，以国家意志的形式塑造、型构为具有“固根本利长远”性质的基础规范——其特色在于具制度实践的检视功能及其效力上的普遍性。直接表现为：有关禁食所有陆生野生动物规定，并没有采用自近现代以来中外通行的、一般之野生动物保护法的规制模式——“普遍禁止+符合法定条件或例外之行政许可”的规范构造。例如，日本允许食用包括野猪、日本鹿在内的狩猎鸟兽；“狩猎鸟兽”属于法定的允许利用、交易和食用的野生动物。但以法定猎具狩猎野生动物，需通过考试取得执照并进行登记；具体的猎捕行为，“根据《鸟兽法》，除依法进行的狩猎和环境省令规定的在农业林业活动中不得已实施的猎捕之外，原则上禁止猎捕、杀伤野生鸟兽或获取鸟蛋；对基于学术研究目的、鸟兽保护或

[1] 刘彦随：《中国新时代城乡融合与乡村振兴》，载《地理学报》2018年第4期。

[2] 新法关于人工繁育野生动物的修改（如人工繁育“三有动物”实行降级备案而非许可制），仍有批评的声音。事实上，我国《野生动物保护法》第30条强调，“利用野生动物及其制品的，应当以人工繁育种群为主”，更符合全球化视野下生态现代化理论揭示的趋势和要求，而动物福利随技术进步也能并实际得到了改善。

管理目的及其他环境省令规定的目的需要猎捕野生动物或获取鸟蛋的，实施许可制，须取得环境大臣或都道府县知事的许可”。[1] 事实上，狩猎行为这种执照许可制度可以回溯至英国《1831 年狩猎法》，该法确立了狩猎许可证制度，明确规定，“持有许可证的狩猎者不再受出身、永久地产或财产收入的资格限制”；任何人都可通过交纳费用、注册许可证来获得狩猎资格，猎物买卖也必须在持有相关许可证的人之间进行。[2] 而且毋庸讳言，以《2022 年野生动物保护法》第 31 条第 1 款为核心的规范群，必仍将遭遇内在人们日常生产、生活秩序的持续张力和来自外在自然生态、环境容量的压力——作为对这些压力的回应，2022 年 4 月最高人民法院、最高人民检察院发布的《关于办理破坏野生动物资源刑事案件适用法律若干问题的解释》（以下简称《2022 动物解释》）对相关犯罪定罪量刑的标准等做了一定调整，起草者也强调：“在加大生态环境司法保护力度的同时，要注意防止矫枉过正，确保案件处理符合人民群众的朴素公平正义观念。”[3]

前述最高人民法院、最高人民检察院的解释系从事后的、具体的刑事司法的妥当性来说的。基于前述禁食野生动物相关规范的普遍效力，在《野生动物保护法》中，在禁食野生动物规范的检视功能作用下，不仅以食用为目的的猎捕、野生动物的人工繁育，以及野生动物的交易、运输等，被排除出相关许可、备案等管理之外；而且，涉食用野生动物的行为也难以被纳入野生动物合法检疫的范围，并且相应的检疫的标准也不必或不一定以食用安全为必要。[4] 因此，在肯定《野生动物保护法》第 31 条作为基础规范的同时，我们也要看到其在与传统的《野生动物保护法》关系上的异质性。这种异质性提示我们，《野生动物保护法》的禁食规范，尽管属于立法者嵌入人们原生

---

〔1〕 刘兰秋：《日本野生动物保护立法及启示》，载《比较法研究》2020 年第 3 期。

〔2〕 许志强：《狩猎与盗猎——英国“长 18 世纪”转型视域下的狩猎法变迁》，载《史学集刊》2021 年第 6 期。

〔3〕 周加海、喻海松、李振华：《〈关于办理破坏野生动物资源刑事案件适用法律若干问题的解释〉的理解与适用》，载《人民司法》2022 年第 13 期。

〔4〕 参见农业农村部畜牧兽医局、国家林业和草原局野生动植物保护司：《野生动物检疫办法（征求意见稿）》，载 http：//www. forestry. gov. cn/main/153/20220526/183115137666714. html。

之生产、生活、生态秩序的规范，但嵌入的规范本身应当自为乃至自在的与生产、生活、生态秩序融为一体。从功能论的这一规范的违反后果来观察，这一禁止规范违反所形成的违法犯罪形态，呈现更多的是自然犯色彩而不是法定犯的属性——后者，是我们在进行法解释时要特别加以注意的。

第二节 我国野生动物保护立法中的定义条款

“法律概念是法律规范的基础，也是进行法律思维和推理的根本环节。”“在法律语境中，法律概念的语义所指是作为制度性事实的法律事实，纯粹规范上的推论分析无法赋予其意义。法律概念在法律推理中发挥着首要功能，很多时候需要由解释者对法律概念的语义进行确证或具体化。特定法律概念是引发特定法律后果的前提，法律概念的语义构成目的论证的界限，有时也会对后者施加论证负担。”〔1〕我国《野生动物保护法》第 2 条包括 4 款，除有两款是该法调整内容和法律效力范围的规定外，第 2 款、第 3 款是定义条款，分别定义了“本法规定保护的野生动物”和“本法规定的野生动物及其制品”。在立法论上“本法规定保护的野生动物”受到人们的更多关注并引发许多质疑和争论，然而“本法规定的野生动物及其制品”，不仅更具有决定野生动物保护法具体规范适用的价值，而且因其独特的结构而成为中国特色野生动物保护法重要的概念装置。

一、本法规定保护的野生动物

“本法规定保护的野生动物”，是指珍贵、濒危的陆生、水生野生动物和有重要生态、科学、社会价值的陆生野生动物。其具体保护范围的确定是通过名录制分类分级管理实现的，名录包括《国家重点保护野生动物名录》、地方重点保护野生动物名录以及《国家保护的有益的或者有重要经济、科学研究价值的陆生野生动物名录》等。

---

〔1〕 雷磊：《法律概念是重要的吗?》，载《法学研究》2017 年第 4 期。

在“本法规定保护的野生动物”概念内部，旧法还区分出“非国家重点保护野生动物”，用以指代“地方重点保护野生动物”和“有重要生态、科学、社会价值的陆生野生动物”。2022 年修订的《野生动物保护法》取消了这一表述，但又从与“本法规定保护的野生动物”外部的关系上使用了“其他陆生野生动物”这一概念。诚如新法中相关多数条文显示的那样，这一来自全国人大常委会《禁食野生动物决定》的“其他陆生野生动物”术语，主要出现在与《野生动物保护法》禁食野生动物有关的规范体系中。

但是，需注意的是，2022 年修订的《野生动物保护法》第 49 条第 2 款中也使用了“其他陆生野生动物”概念，该款规定：“违反本法第二十条、第二十四条第一款规定，在自然保护地、禁猎区、禁猎期或者使用禁用的工具、方法猎捕其他陆生野生动物，破坏生态的，由县级以上地方人民政府野生动物保护主管部门和有关自然保护地管理机构按照职责分工没收猎获物、猎捕工具和违法所得，并处猎获物价值一倍以上三倍以下罚款；没有猎获物或者猎获物价值不足一千元的，并处一千元以上三千元以下罚款；构成犯罪的，依法追究刑事责任。”新法这一规定会导致非法狩猎罪适用条件的改变。该法于 2023 年 5 月 1 日生效前，一般认为非法狩猎罪的对象系将所有的“非国家重点保护野生动物”对应的“地方重点保护野生动物”（排除其中的水生动物）和“有重要生态、科学、社会价值的陆生野生动物”纳入非法狩猎罪的保护范围，从而该罪的对象只能是除“珍贵、濒危野生动物”和“其他陆生野生动物”之外剩余的部分。[1] 但前置法的修改且该法第 49 条第 2 款有“构成犯罪的，依法追究刑事责任”的指引，因此，非法猎捕“其他陆生野生动物”破坏生态的也可以构成非法狩猎罪。[2]

同时，这一规定确实部分回应了要对野生动物进行全面保护，就应将《野生动物保护法》之野生动物保护管理范围扩大到其他陆生野生动物的立法

---

〔1〕参见喻海松：《动物犯罪司法规则体系的革新——以新近相关立法调整为契机》，载《中国刑事法杂志》2021 年第 6 期。

〔2〕从栖息地保护来说，禁止猎捕其他陆生野生动物也是保护野生动物重要栖息地的重要内容。

意见和建议。[1] 但在本书看来，认为有局限性而受到部分学界和动保人士批评的“本法规定保护的野生动物”概念，这一批评态度同时也反映出上述人士的野生动物保护观念有更新的必要。一方面，历经三次修正、两次修订的现行《野生动物保护法》，以国家珍贵濒危野生动物及其栖息地保护为重点——在濒危物种保护上将珍贵、濒危水生野生动物纳入保护范围就与国外一些立法例（如日本）存在差异，进而在此基础上渐次扩及一般野生动物的保护。另一方面，从不同的视角出发，也难以得出我们的野生动物保护立法就不如国外立法严格的结论。

其实，广义的野生动物保护还包括防止栖息地生态破坏、环境污染防治等所提供的整体和间接保护。麻雀、某种或某些昆虫等其他陆生野生动如从我们生产、生活中消失，某种意义上或许是比某种珍贵濒危动物的灭绝更可怕的事情。[2] 其他陆生野生动物的保护，尽管《野生动物保护法》可以采取一些措施，如对狩猎工具、方法的控制以及设立自然保护地附带的对其他陆生野生动物的一般保护，[3] 但其他陆生野生动物的保护主要还是依靠环境法整体以及依赖与其他法律（包括本书第五章讨论的民事法）产生的生态上的效益。就具体的狩猎制度而言，虽然一些国家或地区建立了针对所有野生动物的狩猎行政许可制度，似乎意味着对所有野生动物进行全面保护，但这绝非真实情况。日本的《鸟兽法》就很实际的确定其规制范围为“鸟兽”并在

---

〔1〕 在立法者看来，其他陆生野生动物的保护，在维持现行法的规定基础上还可通过“健全保护名录调整机制，根据实际需要及时将有关陆生野生动物列入保护名录”实现，参见赵晨熙：《加强对野生动物重要栖息地保护》，载《法治日报》2022 年 9 月 1 日，第 2 版。

〔2〕 参见［美］蕾切尔·卡逊：《寂静的春天：Silent Spring》（英文版），马绍博译，天津人民出版社 2019 年版，第 3 页。

〔3〕 禁食野生动物的规范也提供了对其他陆生野生动物的保护。我国《野生动物保护法》和《刑法》共同建构的禁食野生动物的规范体系，其首要保护法益确实是预防公共卫生安全风险。但是，不能因此认为这一体系就没有野生动物保护的目的。比如，本来非法生产、经营野生动物及其制品制作的食品就与收购、出售野生动物及其制品在侵害的法益上存在差别，但是，如果认为收购、出售其他陆生野生动物及其制品没有侵害生态法益故不能构成收购、出售陆生野生动物罪，就会导致该行为司法实践中按照非法经营罪论处这一错误做法。这一处理的后果，一方面使非法经营罪不当扩张，另一方面会压缩非法经营罪的适用空间，令生产、经营野生动物及其制品制作的食品的行为得不到制裁。详细论证和处理方案参见本书第七章第一节。

此基础上建立狩猎执照许可制度，且防止野生动物对农林业生产危害的无证猎捕，也是允许的。更言之，承认对野生动物致害进行紧急避险，几乎是各国立法[1]或实践之通例。

总之，野生动物保护有在专门法内部之分类分级保护问题，更有不局限于野生动物保护法而在整体法秩序范围内进行实质保护的问题。

二、本法规定的野生动物及其制品

上述“本法规定保护的野生动物”主要是一个立法论问题。就《野生动物保护法》的具体法规范的适用而言，“野生动物及其制品”这一概念具有进一步明辨规范的适用条件、确定规范适用范围的关键意义。同时，该概念仍然是一个中国野生动物保护立法中的一个特色性概念，并与前述中国《野生动物保护法》的三大特点高度契合，使中国野生动物保护立法在法技术层面实现了有机融合统一。

2022年《野生动物保护法》第2条第3款规定：本法规定的野生动物及其制品，是指野生动物的整体（含卵、蛋）、部分及衍生物。根据我国台湾地区“野生动物保育法”第3条规定：“野生动物：系指一般状况下，应生存于栖息环境下之哺乳类、鸟类、爬虫类、两栖类、鱼类、昆虫及其他种类之动物。”野生动物产制品，“系指野生动物之尸体、骨、角、牙、皮、毛、卵或器官之全部、部分或其加工品。”

比较海峡两岸野生动物保护的相关规定，大陆《野生动物保护法》定义条款有以下三个特点：一是其将“野生动物及其制品”作为整合术语进行定义。二是将本系原物孳息的“卵、蛋”视为野生动物整体，同时有意思的是其也可类似于“蛋可以生（野）鸡”那样也能生出自己的衍生物来。三是作为定义对象的“制品”仅是一个符号，其具体内容“部分及其衍生物”才有意义，而“衍生物”所指为何尚需辨明。

---

[1] 不一定体现在狭义的野生动物保护法中。

（一）对定义条款的初步解析

上述第二个特点，好似令人困惑之哲学上“蛋生鸡还是鸡生蛋”的现实版。但2022年《野生动物保护法》颇具匠心，删除了旧法“野生动物及其制品，是指野生动物的整体（含卵、蛋）、部分及其衍生物”定义句描述部分中指代不明的“其”一字。

本书认为，所删除的“其”字无疑肯定了“蛋可以生（野）鸡”而“鸡”也可属蛋的衍生物，并消除只有野生动物的部分才可以有衍生物（如象牙雕件）之误解。同时，定义描述中的视为“野生动物”整体的“卵、蛋”，因只有一体保护才能使其种群在野外环境自然生存繁殖，故句中的“卵、蛋”应被认为源自野外环境。〔1〕实例或科学上都显示，利用捡拾的野生动物“卵、蛋”就可以在人工环境下进行孵化。总之，我们可推知定义句中的“衍生物”可以是人工繁育的野生动物本身，而“衍生物”包括有野生动物活（整）体或其变化。〔2〕

（二）人工饲养、繁育野生动物在不同状态下的法律地位

以前述解析为逻辑上的线索，根据现行《野生动物保护法》，我们可表列以下人工饲养、繁育野生动物的规范脉络（见表2）。

表2　《野生动物保护法》人工繁育野生动物的规范脉络

人工饲养、繁育野生动物的不同状态	法律地位
人工饲养来源野外的珍贵、濒危野生动物和“三有”动物〔3〕	与生存于野外的动物一样，其整体、部分及其衍生物受全面保护

〔1〕参见《野生动物保护法》第25条第4款。
〔2〕在熟悉的鱼类、鸟类等可孵化事例外，一些昆虫一生也会经历从卵到幼虫、成虫的变化。
〔3〕参见《野生动物保护法》第25条第4款。

续表

人工饲养、繁育野生动物的不同状态	法律地位
人工繁育技术尚未成熟稳定的珍贵、濒危野生动物和“三有”动物〔1〕	有条件保护作为“衍生物”的野生动物整体。即野生动物“活体”的命运是否变成“制品”，据人工繁育目的或利用的目的而定
人工繁育技术成熟稳定的人工种群〔2〕	纳入人工繁育国家重点保护野生动物名录和“三有”野生动物名录。〔3〕相关名录调整时，人工种群不再列入保护名录
经驯化，具稳定人工选择经济性状，人工繁育技术成熟，已形成疫病防控体系	人工繁育种群，列入《国家畜禽遗传资源目录》，正式退出野生动物行列〔4〕

表2呈现出立法文本中人工饲养、繁育的野生动物及其制品“脱离”（国家所有的）野生动物资源的过程。相应地，人工繁育野生动物的经营、利用人具有的处分权能逐步扩大。因此，至少就人工繁育的野生动物，作为孳息，根据《民法典》第321条的规定，相关权利人享有其所有权。

“加工物”形态的野生动物部分及其“衍生物”，似也可从民事法角度进行进一步思考。民事法上，“加工”是所有权原始取得方式之添附中的一种（参见《民法典》第322条）。不过，一个值得注意的立法现象是：除最终形态是药品、食品的外，我国野生动物保护立法欠缺“加工”行为的规范。这种欠缺，系受相关民事法原理影响下立法者的一种纠结心态。这种纠结，显然是一种有意的沉默而难说是法律漏洞。

（三）具体条文中“野生动物及其制品”立法表述的多元化

续前文，我国野生动物保护立法中“野生动物及其制品”定义句中的“衍生物”的表现形式包括：（1）人工繁育的野生动物；（2）加工物形态的

〔1〕参见《野生动物保护法》第29条。

〔2〕参见《野生动物保护法》第29条第1款。

〔3〕可按核验的年度数量取得标识并凭标识出售和利用。

〔4〕参见《野生动物保护法》第29条第3款。

“衍生物”：（药品）、食品；（3）其他经过加工的产品。[1] 这指示我们，尽管现行《野生动物保护法》中共有50处使用了“野生动物及其制品”这一表述，且一般应视为定义条款的完整适用。但一方面确实在一般表述外仍有单独表述为野生动物的情况，另一方面这50处形式上统一的表述在药用、食用野生动物方面存在特殊之处。

1. 立法条文中单独表述野生动物的情况

2016年《野生动物保护法》存在出售、运输、利用“非国家重点保护野生动物”[2] 的表述，但2022年《野生动物保护法》在舍弃“非国家重点保护野生动物”这一表述而在将其明确为“三有”和地方重点保护野生动物的同时，附加了及其制品。新法中单独表述野生动物的是其第31条第1款、第2款：“禁止食用国家重点保护野生动物和国家保护的有重要生态、科学、社会价值的陆生野生动物以及其他陆生野生动物。禁止以食用为目的猎捕、交易、运输在野外环境自然生长繁殖的前款规定的野生动物。”

2. 将“野生动物及其制品作为药品”和将野生动物及其制品制作为食品

《野生动物保护法》第30条第2款规定：“野生动物及其制品作为药品等经营和利用的，还应当遵守《中华人民共和国药品管理法》等有关法律法规的规定。”“野生动物及其制品”作为“药品”。这一语句中，“药品”可以表现或对应于“野生动物的整体（含卵、蛋）、部分及其衍生物。”

《野生动物保护法》第31条第3款、第4款规定：“禁止生产、经营使用本条第一款规定的野生动物及其制品制作的食品。禁止为食用非法购买本条第一款规定的野生动物及其制品。”第31条第3款的语句中，野生动物“制品”当然包括了野生动物整体的分割“部分”。但其中的“食品”有些特殊，根据《野生动物保护法》第2条第3款，本是野生动物整体、部分的“衍生

---

〔1〕《国家重点保护野生动物及其制品专用标识管理办法》（征求意见稿）第2条第2款对野生动物及其制品也进行了定义，规定“本办法所称野生动物及其制品是指列入《国家重点保护野生动物名录》和依法核准按国家重点保护管理的陆生野生动物的整体（含卵、蛋）、部分及其衍生物，包括经过加工的产品。”

〔2〕参见2016年《野生动物保护法》第27条第4款。

物”，但立法者又试图把其从通常的“野生动物及其制品”中独立出来单独进行评价。因此，我国的野生动物保护立法，在与禁食有关的规定中，一方面，“野生动物及其制品”存在限缩情形，即在“野生动物及其制品制作的食品”语句中，其中的“野生动物及其制品”是指野生动物的整体（含卵、蛋）、部分，而不包括作为“衍生物”的食品。另一方面，当法条只表述为野生动物时（如《野生动物保护法》第31条第1款、第2款），“野生动物”虽可扩大解释为“野生动物整体、部分”，但它们仍然不包括作为“衍生物”的食品。在《野生动物保护法》禁食野生动物规范体系中，不包括“衍生物”食品的野生动物及其制品，可谓狭义的野生动物及其制品。[1]

第三节　森林转型与生物多样性保护

《野生动物保护法》的修改不可避免地会在既有立法基础上演变进化，而不太可能另起炉灶完全推翻过去的实践。与“野生动物及其制品”“在野外环境自然生长繁殖的陆生野生动物”一样，野生动物栖息地、自然保护地的保护用途等，也需要在法解释学上仔细辨明才能成为有效的法律概念。国家公园、自然保护区等自然保护地立法，其中面临的问题对于野生动物保护立法同样具有重要意义。自然保护地也存在人与野生动物交互的界面，如野生动物重要栖息地、野生动物的致害等，它们必然成为修法必须解决的实质问题。

---

〔1〕 狭义的野生动物及其制品，在禁食野生动物规范体系的适用中侧重的是其与熟食品相对的“生”的属性。在拓展意义上，此概念是否还有其他适用可能性也是值得关注的问题。《野生动物保护法》第57条规定：“违反本法第三十八条规定，向境外机构或者人员提供我国特有的野生动物遗传资源的，由县级以上人民政府野生动物保护主管部门没收野生动物及其制品和违法所得，并处野生动物及其制品价值或者违法所得一倍以上五倍以下罚款；构成犯罪的，依法追究刑事责任。”此条中，“野生动物遗传资源”和条文中同样出现的“野生动物及其制品”是什么关系，还需要研究。但可以肯定的是，因为保护动物遗传资源“可以通过活畜保种或者冷冻动物胚胎、精液或体细胞几种方式来完成”。那么，已经“灭活”的野生动物及其制品，是不可能被视为野生动物遗传资源的。因此，《野生动物保护法》第57条中的“野生动物及其制品”也是狭义的野生动物及其制品。参见周向梅、马月辉、关伟军等：《北京油鸡胚胎成纤维细胞系建立与生物学特性研究》，载《畜牧兽医学报》2005年第3期。

一、我国野生动物保护立法中的野生动物栖息地

修订后的《野生动物保护法》在定义了野生动物栖息地的基础上扩大了栖息地保护的形式；在一般性禁止基础上明确了在相关自然保护地内的建设项目的必要性和（狭义）比例性要求等规范；建立了野生动物及其栖息地调查监测和评估制度、野生动物重要栖息地名录制度、有关开发利用规划整体影响分析预测和评估制度三项制度，强调和明确了野生动物保护主管部门对野生动物及其栖息地的保护职责和责任。同时，对旧法即沿用的1988年《野生动物保护法》第11条的内容〔1〕也得到加强，规定各级野生动物保护主管部门应当监测环境对野生动物的影响，"发现"环境影响对野生动物造成危害时，应当会同有关部门"及时"进行调查处理。（引号内内容系2022年《野生动物保护法》修改内容。——笔者注）

一般认为，现行法以"野生动物栖息地"范畴替代了1988年《野生动物保护法》（已被修改）"野生动物生存环境"这一术语。但该法第12条第2款第1句仍规定："省级以上人民政府依法将野生动物重要栖息地划入国家公园、自然保护区等自然保护地，保护、恢复和改善野生动物生存环境。"第12条第3款规定："禁止或者限制在自然保护地内引入外来物种、营造单一纯林、过量施洒农药等人为干扰、威胁野生动物生息繁衍的行为。"与此相关的还有《森林法》第55条第1款第3项规定："自然保护区的林木，禁止采伐。但是，因防治林业有害生物、森林防火、维护主要保护对象生存环境、遭受自然灾害等特殊情况必须采伐的和实验区的竹林除外。"因此，仅就自然保护区而言，与1988年《野生动物保护法》相同，〔2〕在空间范围上应被认为是：一个科学划定的自然保护区，在法律上应被整体性视为提供了"野生动物

〔1〕1988年《野生动物保护法》第11条和2016年《野生动物保护法》第14条均规定，各级野生动物行政主管部门应当监视、监测环境对野生动物的影响。由于环境影响对野生动物造成危害时，野生动物行政主管部门应当会同有关部门进行调查处理。

〔2〕1988年《野生动物保护法》第10条第1款规定，国务院野生动物行政主管部门和省、自治区、直辖市政府，应当在国家和地方重点保护野生动物的主要生息繁衍的地区和水域，划定自然保护区，加强对国家和地方重点保护野生动物及其生存环境的保护管理。

(的）生存环境”。如此，现行《野生动物保护法》第12条第2款中的“重要栖息地”就不应被视为是野生动物保护区之空间全部，而只是其中一部分。这一判断也可以被《自然保护区条例》所佐证。根据该条例第18条第2款的规定，“自然保护区内保存完好的天然状态的生态系统以及珍稀、濒危动植物的集中分布地，应当划为核心区……”[1]

因此，现行《野生动物保护法》中，野生动物栖息地在本体上是一个相当狭隘的概念。[2] 而且，即使就野生动物重要栖息地名录制度而言，其并非一种独立的栖息地保护形式且欠缺制度辐射效应。[3] 总之，在现行法中野生动物栖息地就是一个描述性的、纯事实的具有开放的概念。《野生动物保护法》第5条第3款规定“本法规定的野生动物栖息地，是指野生动物野外种

---

〔1〕动物分布区（animal distributional area）是指某一动物种或类群所占有的地理空间。此空间内，该种动物能充分进行个体发育，并留下具有生命力的后代；在一种动物的分布区内，不是任何地方都能发现这种动物的种群或个体，它们只能生活在具备维持它们生存所需的一切条件的地方，这种地方称为野生动物栖息地。

〔2〕根据有关法条规定之内容，有学者总结了野生动物栖息地的3个不同的判断方法：(1) 建立了档案的野生动物栖息地，即《野生动物保护法》第11条中根据“对野生动物及其栖息地状况进行调查、监测和评估”建立的“栖息地档案”意义下的野生动物栖息地；(2) 纳入野生动物重要栖息地名录，即第12条中的根据野生动物及其栖息地状况的调查、监测和评估结果，确定并发布“野生动物重要栖息地名录”的野生动物栖息地；(3) 事实上的野生动物栖息地，即《野生动物保护法》第5条将野生动物栖息地限定为野生动物野外种群生息繁衍的重要区域。参见唐双娥、裘丽：《美国“孤立湿地”保护中的“候鸟规则”及对我国湿地保护的启示》，载《湿地科学与管理》2021年第1期。

〔3〕在理论界，有学者认为“不应让（重要）栖息地独立于现有的自然保护地体系，主管部门应评估栖息地现状，对于重要的栖息地需建立相应的自然保护地”。常纪文等：《〈野生动物保护法〉修改的热点问题与建议》，载《中国环境管理》2016年第1期。我国水生野生动物保护方面，已建立起野生动物重要栖息地名录制度，但从实践来看，其并未遵循《野生动物保护法》之意旨，而事实上成为自然保护区域等建设成效的评估手段。2017年8月农业部组织申报水生野生动物重要栖息地的通知表示，满足以下条件之一的，应划定为水生野生动物重要栖息地：(1) 近五年内，国家一级重点保护水生野生动物仍有分布的水域和陆域；(2) 国家二级重点保护水生野生动物的集中分布区，其主要种群已稳定生存10年以上（包括10年），包括但不限于繁殖地和洄游通道；(3) 国家重点保护水生野生动物越冬、繁育、洄游的集中水域或区域；(4) 经省级以上（包括省级）渔业主管部门批准的迁地保护水域或区域。李淼：《明年起，5个四川水生野生动物栖息地纳入国家名录》，载四川在线网2017年12月29日，https://sichuan.scol.com.cn/ggxw/201712/56054569.html。另参见《中华人民共和国农业部部公告（第2619号）》，载中华人民共和国农业农村部网2018年1月20日，http://www.moa.gov.cn/nybgb/2018/201801/201801/t20180129_6135962.htm。

群生息繁衍的重要区域”就是直接表现。当然，野生动物栖息地作为一个开放而非封闭的概念，也可以通过专项立法得到一定程度的具体化，以便有针对性地强化保护。我们看到，除《自然保护区条例》中“保存完好的天然状态的珍稀濒危动植物的集中分布区外”应划为核心区外，野生动物栖息地还包括《湿地保护法》等中的“国家重点保护野生动植物集中分布湿地”“重要水生生物产卵场、索饵场、越冬场和洄游通道”等。

二、野生动物栖息地保护责任的性质和内容

一般都承认，野生动物栖息地制来自域外法。重要栖息地（Critical Habitat）制度，系于 1978 年被引入了美国《濒危物种法》（Endangered Species Act，ESA）的。此前即在 1973 年，该法将“（以）严重破坏野生生物的繁衍、取食和避难等必需行为方式而导致其死亡或损伤的栖息地重大的改变或栖息地破坏（的）”与“射击 、伤害、杀害”“袭击 、损害、追赶、猎捕、诱捕、捕获或收集”等取得濒危野生动物行为予以同等评价。重要栖息地的指定过程“为土地主提供了一个指南，对栖息地进行特别保护和管理”。如果不遵守指南，“很可能构成法律所禁止的‘取得’行为”。[1] 因此，在与濒危野生动物生命、生存相关联的意义上，栖息地保护的相关禁止规范也具有了绝对性，成为与禁止杀伤濒危野生动物一样具有相同性质的强行法规范。同样，我国《野生动物保护法》第 6 条第 1 款也规定，“任何组织和个人有保护野生动物及其栖息地的义务。禁止违法猎捕、运输、交易野生动物，禁止破坏野生动物栖息地”。

但是，野生动物栖息地保护在预防性保护层面则同时带有经济行政法性质。美国《濒危物种法》指定重要栖息地只能限制与联邦有关的活动——禁止任何联邦机构对重要栖息地造成破坏、减少或缩小等不利改变。与之相较，我国野生动物保护立法则更明显地强调了在野生动物栖息地保护上的国家的

[1] 张冰：《美国濒危物种法栖息地保护制度》，载《牡丹江师范学院学报（自然科学版）》2007 年第 3 期。

积极责任，国家介入干预的色彩因而更为浓厚。《野生动物保护法》第5条第1款规定："国家保护野生动物及其栖息地。县级以上人民政府应当制定野生动物及其栖息地相关保护规划和措施，并将野生动物保护经费纳入预算。"第12条第2款第2句规定："对不具备划定自然保护地条件的，县级以上人民政府可以采取划定禁猎（渔）区、规定禁猎（渔）期等措施予以保护。"《湿地保护法》第30条第3款第1句规定，"在重要水生生物产卵场、索饵场、越冬场和洄游通道等重要栖息地应当实施保护措施"。《长江保护法》第59条第2款中规定（同样内容也可见《黄河保护法》第42条第1款），"在长江流域水生生物产卵场、索饵场、越冬场和洄游通道等重要栖息地应当实施生态环境修复和其他保护措施"。

从新的立法趋势来看，对于野生动物栖息地保护的国家责任，我国野生动物保护立法不仅规定采取特殊保护和管理方式——如设立各类自然保护地或划定禁猎（渔）区、规定禁猎（渔）期等其他形式，而且特别强调、强化了有关主管部门直接的、明确的生态修复责任。《黄河保护法》第39条第1款规定（同样内容也可见《长江保护法》第59条第1款），"国务院林业和草原、农业农村主管部门应当会同国务院有关部门和黄河流域省级人民政府按照职责分工，对黄河流域数量急剧下降或者极度濒危的野生动植物和受到严重破坏的栖息地、天然集中分布区、破碎化的典型生态系统开展保护与修复，修建迁地保护设施，建立野生动植物遗传资源基因库，进行抢救性修复。"

我国《野生动物保护法》第13条第3款规定了建设项目相关许可事项办理前的环境影响评价，"建设项目可能对自然保护地以及其他野生动物重要栖息地、迁徙洄游通道产生影响的，环境影响评价文件的审批部门在审批环境影响评价文件时，涉及国家重点保护野生动物的，应当征求国务院野生动物保护主管部门意见；涉及地方重点保护野生动物的，应当征求省、自治区、直辖市人民政府野生动物保护主管部门意见"。问题是，倘若建设项目开工前已经通过了环境影响评价，在后续的施工中出现新情况或新发现，建设项目若继续推进将有破坏野生动物栖息地之虞时——实践中还会出现不限于建设项目会“对自然保护地以及其他野生动物重要栖息地、迁徙洄游通道”产生影响的情况（如“绿孔雀案”），这些情况应当如何处理？我们注意到，《野生动物保护法》第13条第2款有“禁止在自然保护地建设法律法规规定不得建设的项目”的禁止性规定，而我国台湾地区野生动物保育相关规定没有类似内容，但赋予了野生动物栖息地保护主管机关直接的行政许可权力，规定“在野生动物重要栖息环境实施农、林、渔、牧之开发利用、探采矿、采取土石或设置有关附属设施、修建铁路、公路或其他道路、开发建筑、设置公园、坟墓、游憩用地、运动用地或森林游乐区、处理废弃物或其他开发利用等行为，应先向地方主管机关申请，经层报‘中央主管机关’许可后，始得向目的事业主管机关申请为之”。同时，根据我国台湾地区野生动物保育相关规定，经许可从事相关条款开发利用行为而破坏野生动物栖息环境时，主管机关应限期令行为人提补救方案，监督其实施。前项开发利用行为未经许可者，除依前项规定办理外，主管机关得紧急处理，其费用由行为人负担。诚如前述，野生动物栖息地的保护具有绝对性，其对行政许可不具有从属性；在自然保护地进行建设项目取得的行政许可，并不包含破坏野生动物栖息地内容。笔者认为，这一原理在《野生动物保护法》也是适用的。这表现在《野生动物保护法》第14条规定：“各级野生动物保护主管部门应当监测环境对野生动物的影响，发现环境影响对野生动物造成危害时，应当会同有关部门及时进行调查处理。”因此，对于通过环境影响评价后新出现或新发现的有危及野生动物栖息地的情势，相关项目是否能够继续开发建设，应该以野生动物栖息地为中心进行重新评估——评估的结果甚至可以包括最终放弃相关项目的实施。同时，笔者认为，《野生动物保护法》第14条不仅可对一般野生动物保护适用，[1] 而且适用于包括珍贵、濒危野生动物及其栖息地的保护。作为建设项目等影响野生动物时的一般性保护条款，第14条是强制性的珍贵、濒危野生动物及其栖息地的保护要求在经济行政法上的具体体现。

---

〔1〕 参见阮向东：《加强我国野生动物栖息地保护法律制度建设的思考》，载《林业资源管理》2014年第1期。

三、野生动物栖息地与自然区域之保护性用途

土地的用途和功能是多元的，对土地及其上生态功能的保护是一个全球性、现代性的整体趋势，而并非只有传统民事法中物之积极用途才具有法律意义。具体来说，法律上越来越强调和承认性质上更为被动的其他土地用途。我国《森林法》第48条规定，“重要江河源头汇水区域、重要江河干流及支流两岸、饮用水水源地保护区、重要湿地和重要水库周围、森林和陆生野生动物类型的自然保护区、荒漠化和水土流失严重地区的防风固沙林基干林带、沿海防护林基干林带、未开发利用的原始林地区”等区域的林地和林地上的森林，应当划定为公益林。同时《森林法》第55条规定，除“因科研或者实验、防治林业有害生物、建设护林防火设施、营造生物防火隔离带、遭受自然灾害等需要采伐”外，公益林只能进行抚育、更新和低质低效林改造性质的采伐；除“因防治林业有害生物、森林防火、维护主要保护对象生存环境、遭受自然灾害等特殊情况必须采伐的和实验区的竹林”外，自然保护区的林木，禁止采伐。然而，这些被动或消极的土地用途是否均具有独立的法律保护价值，还有待观察。为准确起见，我们可以将诸如主导性地发挥“蓄水保土、调节气候、改善环境、维护生物多样性”等生态功能的林地和林地上的森林，界定为土地的保护用途。

在前现代，为物尽其用或发挥自然资源的其他社会功能，即使封建领主也不排斥农民基于习惯法对森林资源、森林产品的分享权。在人类世，人类行为深度介入自然生态系统的能流、物流、信息流中，为了避免地球生态系统陷入混乱和无序，客观上也要求一定限度的人类行为的积极介入。传统民法中，物权以包括土地、森林等在内的自然资源作为客体，性质首先是支配权，权利主体的使用、收益的方法以物之积极用途为内容。[1] 其排他性和物上请求权，则以排斥他人使用、收益和妨碍权利主体的使用、收益为形式。

---

〔1〕 尽管可以不现实地积极地用益物，但物之积极用益仍是潜在的，从而权利主体可无缝隙地在现实和不现实的用益间进行切换。

地役权，有积极地役权（又称作为地役权、容忍地役权）和消极地役权（又称不作为地役权）之分。尽管消极地役权表现为供役地人在供役地上不得为一定行为，但其相反面也必然包含了需役地人（地役权人）“利用他人的不动产以提高自己不动产效益”的积极内容。同时，在传统民法的框架下，我们看到以地役权方式对自然空间的利用，生态法事实上也并非全然排斥。《国家公园法（草案）》（征求意见稿）第27条规定：“国家公园核心保护区主要承担保护功能，最大程度限制人为活动，但下列情形除外：……（五）国家公园设立之前已有的民生基础设施和其他线性基础设施的运行维护；（六）以生态环境无害化方式穿越地下或者空中的线性基础设施的修筑……”而且，保护用途视角下的国内外地役权实践，也有迹可循。我国学者多肯定域外国家的相关实践，如《纽约市清洁供水协议》明确规定，纽约市将在自愿的基础上获取土地以保护饮用水水源，以公平的市场价格购买饮用水水源地水文敏感区域未开发的土地和保育地役权，并为所获得的土地及摊派的开发权支付税款。[1] 这一地役权，如关联公共土地的利用，则可获得《联邦土地管理与政策法》（FLPMA）第五编公共土地上的通行权（Rights - of - Way on Public Lands）制度性的配套支持——为“水库、运河、沟渠、水槽、横向、管道、管道、隧道和其他蓄水、储存、运输或分配水的设施和系统”，可授予、发放或续期在这些土地上空、上面、下面或通过这些土地的通行权。

然而，保护用途视角下地役权等实践，能否为野生动物的利益而拓及野生动物栖息地保护，[2] 进而成为一种法律政策工具而一般性的阻止一般主体对自然资源的积极用益，则成为世界各国生态法面临的突出而关键的问题。一方面，国家公园等自然保护地中的自然资源，即使原则上“禁止和限制资源开发利用行为”，但是，“尽管一些国家野生动物保护区不对公众开放，但

---

〔1〕 参见蓝楠、夏雪莲：《美国饮用水水源保护区生态补偿立法对我国的启示》，载《环境保护》2019年第10期。

〔2〕 许多生态学家认为，生态系统服务的提供可通过生物多样性来稳定。增加生物多样性也有利于社会可用的各种生态系统服务。了解生物多样性与生态系统稳定性间的关系对于管理自然资源及其服务至关重要。

娱乐活动通常是允许的……（只是）允许娱乐的种类和强度可能会有很大的不同。许多自然保护区也允许狩猎，尽管阿拉斯加以外的国家公园不允许狩猎。消耗性的开采用途，如伐木、放牧、采矿和钻探，也并非总是被禁止的。例如，在许多荒野和国家纪念地内，放牧仍在继续（但应加以限制，以使放牧不会损害保护对象）。石油和天然气开发发生在一些国动物保护区内……保护地通常也受现有有效权利的约束，包括采矿权，这些权利在其指定之前就已存在”。[1] 在我国国家公园建设和运营实践中，不可避免也存在类似问题。比如，《四川省大熊猫国家公园管理办法》第 15 条规定，核心保护区除满足国家特殊战略需要的有关活动外，原则上禁止人为活动。其中的“国家特殊战略需要的有关活动”，如规定“铀矿已依法设立的矿业权继续勘查开采活动可办理矿业权登记（含已设探矿权转为采矿权）”；“油气已依法设立的探矿权继续勘查活动，可办理探矿权延续、变更（不含扩大勘查区范围）、保留、注销，发现可供开采油气资源的不得从事开采活动”。后者，显然更是一个暂时性规范，其本身就表明，虽不得开采现在发现的油气资源，但并不意味着将来必然就不能进行开采。问题更为突出的表现的另一方面，如我国学者关注过的美国《泰勒放牧法》下，环保组织通过获得放牧权阻止一般主体进行放牧以达到野生动物栖息地保护的环保目的之问题[2]，“（美国）法院已经宣布放牧许可证无效，因为持证人不打算放牧，而是获得了禁止其他牧场主使用土地的许可”。借此，有论者基于判例法之“遵循先例”原则指出：法院可以将同样逻辑延伸到保护地役权，认为《联邦土地管理与政策法》第五编路权许可证不适用于以保护现有自然系统免受干扰为目的的保护地役权。面对这一突出矛盾和问题，在域外环保实践中“（一些）保护团体成功地获得了放牧许可证”——他们改变策略打算以保护导向可持续的方式放牧。

---

〔1〕 Pidot J. R., Peterson E. A., Conservation Rights - of - Way on Public Lands, UC Davis L. Rev., 2021, 55: 89.

〔2〕 参见姜晓群等：《美国公共放牧地管理政策演进的历史经验》，载《草业学报》2020 年第 11 期。

国外学者认为，土地的积极用途通常通过私人权利实现，保护用途则借助公共政策。这一结论自有其一番道理。然而，国家公园、自然保护区，以及更一般意义上的规划手段、生态修复措施（如补偿缓解等），如简单地认为就是保护用途的表现形式，其除认知意义外并无法有效解决前述现实问题。如前所述，其与自然资源的积极用途之间并不是简单的相互排斥关系。我国学者认为："就法律调整的社会劳动关系而言，环境法所调整的环境资源开发利用行为，以是否利益社会化可分为两类劳动行为——个人生存性积极劳动行为和社会化生产性建设性劳动行为；后一类社会化生产性建设性劳动行为，成为需要通过环境法律管制进行社会控制的行为类型。"在我国保护地体系所在的禁止开发区和位于限制开发区的重要生态功能区，禁止、限制环境资源社会化开发属于被论者称为"不劳动"行为。[1] 不过，学者这一环境资源开发利用行为的二分逻辑的建立，一定意义上符合理论逻辑，却不一定符合历史逻辑。因为即使在前现代，随着人口的增加，个人生存性积极劳动行为也会引起生物多样性丧失的后果。同时，如果说自然保护地法加强是对社会化生产性建设性行为的法律管控力度，而管控的方式是限制和禁止，那么强化控制同时也意味着法律机制的弱化，而一个完全以秩序价值为导向的社会控制，与法治理想往往不是契合的。

描述国家公园、自然保护区等自然保护地之自然资源的保护用途的生成，确实应当在统一的逻辑基础上进行，而这一逻辑基础仍然需要在传统民事法范围内生成和建构。《自然资源统一确权登记暂行办法》第 13 条规定，自然资源统一确权登记以自然资源登记单元为基本单位。自然资源登记单元应当由登记机构会同水利、林草、生态环境等部门在自然资源所有权范围的基础上，综合考虑不同自然资源种类和在生态、经济、国防等方面的重要程度以及相对完整的生态功能、集中连片等因素划定。第 14 条进一步规定，"国家批准的国家公园、自然保护区、自然公园等各类自然保护地应当优先作为独立登记单元划定。登记单元划定以管理或保护审批范围界线为依据。同一区

---

〔1〕 参见杜群：《环境法体系化中的我国保护地体系》，载《中国社会科学》2022 年第 2 期。

域内存在管理或保护审批范围界线交叉或重叠时，以最大的管理或保护范围界线划定登记单元。范围内存在集体所有自然资源的，应当一并划入登记单元，并在登记簿上对集体所有自然资源的主体、范围、面积等情况予以记载。”第16条第2款规定，在国家公园、自然保护区、自然公园等各类自然保护地登记单元内的森林、草原、荒地、水流、湿地等不再单独划定登记单元。第18条第2款规定，在国家公园、自然保护区、自然公园等各类自然保护地登记单元内的矿产资源不再单独划定登记单元，通过分层标注的方式在自然资源登记簿上记载探明储量矿产资源的范围、类型、储量等内容。《国家公园法（草案）》（征求意见稿）第23条规定：“国务院自然资源主管部门应当将国家公园作为独立自然资源登记单元，按照国家自然资源确权登记有关规定，对国家公园范围内自然资源所有权和所有自然生态空间统一进行确权登记。”“国家公园管理机构统一管理国家公园范围内全民所有自然资源资产，负责国家公园范围内自然资源经营管理和国土空间用途管制。”“国家公园范围内集体所有土地及其附属资源，按照依法、自愿、有偿的原则，通过租赁、置换、赎买、协议保护等方式，由国家公园管理机构实施统一管理。”

上述规定，大体确定了自然保护地之自然资源之保护用途的生成过程，即通过自然资源的统一确权登记以及通过“租赁、置换、赎买、协议保护等方式”，使国家公园管理机构成为自然资源资产的产权主体，并通过国土空间用途管制最终形成自然保护地之自然资源之保护用途。历来，国家之外的社会主体取得国家作为原始主体的自然资源的利用权，无外乎完全、彻底的私有化路径，抑或通过结合竞争机制经由行政许可取得他物权或准物权。国家公园、自然保护区等自然保护地保护用途的生成，首先意味着国家不再将自己还保留有的自然资源的使用权授权给其他主体使用——其规范表达是对一些自然资源开发利用行为的禁止；其次意味着其他主体已经获得的自然资源使用权不会再自动或不会再更容易的获得续期；最后还意味着现存的其他主体的权利可能国家通过予以补偿提前被收回，或者其权利行使受到保护用途的限制。[1] 因此，自然保护地自然资源保护用途的建立，仍然利用的是传统民法的机制——只不过是按照相反的逻辑路线在操作。更有理论和实践意义的是，在国家公园管理机构通过前述过程成为自然保护地自然资源资产统一乃至唯一的产权主体之后，其他主体是否还能够，以及如何积极利用某些自然保护地的自然资源资产。首先，诚如前述，在保护用途之下仍然存在其他主体积极利用之情形；其次，笔者认为，这些积极利用尽管确实具有高度的政策性，此诚如域外学者指出的，这种权利变得“更具偶然性、更不持久，(与) 更紧密地和不断演变的公共利益概念联系在一起”。但是如果从法学的视角来看，我们仍然可以描述和揭示其他主体获得的“权利”——只是其已经不同于传统模式下取得的他物权。若用更精确的法学概念来界定，在霍菲尔德的权利概念框架下，对自然保护地上自然资源的权利，就不再是自由权(有些翻译为特权)，而是权利之表现形式之一的“豁免”。形式上，这些“权利”也是经过自然保护地管理机构的许可（或者基于原住民身份获得)，但其取得的“权利”已不具有财产权属性或者说财产权属性大大减弱。这里的财产权属性，不是从是否能够获得自然资源产品或生态系统的供给功能来说的，而是首先在与自然保护地管理机构或国家的关系上来讲，当其积极利用行为——尤其是社会化生产性建设性行为——威胁到保护对象（如前述栖息地的保护和安全)，其利用行为就面临调整乃至被终止。被迫调整或终止项目受到的损失，并不能当然能获得国家补偿。而且，既然这种权利是一种豁免，则具有人身属性。因此，原则上这些权利不能成为交易的客体——可交易性在现代经济条件下是财产权最重要的特征。我国自然保护地原住民享有的林地承包经营权和宅基地使用权等权利，通常被认为还是具有财产权属性。这些权利，尽管可予继承，受到限制应获得补偿，但其仍带有豁免性质，原则上不能将土地经营权流转给非原住民。

---

〔1〕《国家公园法（草案)》(征求意见稿) 第36条规定，国家公园所在地人民政府应当对国家公园范围内不符合管控要求的探矿采矿、水电开发、人工商品林等进行清理整治，通过分类处置方式有序退出。

第四节 自然保护地中野生动物致害的紧急避险

“法是人类共同体的规范，对动物、自然现象不能进行不法评价，故对物防卫不是正当防卫。”[1]《刑法》第20条规定，“……对不法侵害人造成损害的，属于正当防卫”，也表明正当防卫只能针对人。与一般法教义学原理一致，在我国对来自野生动物的侵害进行“对物防卫”也不可能构成正当防卫。[2] 但是，在野外环境生存的、受保护的野生动物致害，因系来自动物独立、自发的攻击，一般认为可以构成紧急避险尤其是防御性紧急避险。[3]

一、超越法益保护

构成防御性紧急避险，当然系我国现行法正当防卫之规定难以适用于“对物防卫”，而我国《刑法》第21条第1款规定的“为了使……本人或者他人的人身、财产和其他权利免受正在发生的危险，不得已采取的紧急避险行为，造成损害的……”并未如第20条第1款那样规定对“不法侵害人”造成损害的。因此，我国《刑法》关于紧急避险的规定完全可以容纳防御性紧急避险。遗憾的是，我国学者在引进防御性紧急避险概念时，可能不当地扩大了其适用范围。如主张对家庭暴力可以实施防御性紧急避险或主张对无责任能力者的侵害不能进行正当防卫，只能实施防御性紧急避险。事实上，德国法中的防御性紧急避险限于对物防卫。《德国民法典》第228条规定：“为使自己或他人免于遭受他人的物所引起的急迫危险而毁损或破坏他人的物的人，如毁损或破坏为避开危险所必要，且损害并非与危险不相当，则不是不

---

[1] 张明楷：《刑法学》（第2版），法律出版社2003年版，第260页。

[2] 就“对物防卫”中有主的动物的侵害而言，基于起因的不同，可分为因人的故意或过失的动物的侵害和动物的自发侵害。德日乃至我国刑法的主流理论认为，被人豢养的动物的侵害源于人的故意或过失行为时，可以进行正当防卫，而“对动物的独立的‘攻击’（不是由于人的唆使所引发），不能进行正当防卫，而是可实施紧急避险”。梁云宝：《正当防卫之“不法”性质探疑——以德日刑法违法性学说为视角》，载《法学论坛》2011年第1期。

[3] 参见张明楷：《刑法学》（第5版），法律出版社2016年版，第201页。

法地实施行为。危险系因行为人的过错而引起危险的，行为人有义务赔偿损害。”

受保护野生动物致害也可以进行紧急避险之更为关键的理由，诚如论者附带指出的，“将人理解为法益承担者，将动物理解为法益客体”，进而承认对野生动物可进行更为锐利的正当防卫，这一理论进路之所以存在疑问，乃是：“（正当防卫中）侵害者必须作为理性的人格者对被侵害者的权利表达蔑视，正因如此，较之于没有人格性的动物，人必须被更严格地对待。”进而，“较之于来自能够自我负责的人格者的攻击，对来自名贵动物的攻击的防御要求更加严格。”〔1〕因此，“在个别情况下，对动物比对人更‘仁慈’并非不能接受，正如刑罚也不适用于动物，而仅仅适用于有归责能力的人格者。就这一点而言，较之于人，动物受到‘优待’甚至是刑法一贯的立场”。〔2〕

二、受限制的责任排除

需指出的是，野生动物致害可以构成紧急避险，只是从“对物防卫”行为本身的正当性的论证，并且较正当防卫其有更高的适当性、必要性和比例性要求。

更重要的是，在自然保护地所处的规制环境下，由于行为人的不当行为导致野生动物的侵害，如不遵守禁止向野生动物投喂食物的规定而招致野生动物的攻击，或同时构成民事上的攻击性紧急避险〔3〕情况下，不排除行为人要承担赔偿责任甚至环境侵权责任。后者如行为人（包括原住民）擅自进入国家公园、自然保护地的核心区，受到野生动物的攻击后行为人进行紧急避险造成野生动物伤亡，就应当承担赔偿责任甚至环境侵权责任；若其进入系

---

〔1〕人格性既保护人格者，又给人格者带来负担。正当防卫的“锐利性”恰恰就是因为侵害者是人格者，而法秩序对人格者比对非人格者提出更高的要求。

〔2〕赵雪爽：《对无责任能力者进行正当防卫——兼论刑法的紧急权体系》，载《中外法学》2018年第6期。

〔3〕德国《民法典》第904条规定：“为避开现实的危险，他人有必要干涉物，且将要发生的损害与因该干涉而对所有人发生的损害相比过于巨大的，物的所有人无权禁止该他人干涉物。所有人可以请求赔偿给自己造成的损害。”

进行非法采矿、砍伐树木等破坏野生动物栖息地的行为，则还可能构成破坏自然保护地罪[1]。

三、紧急避险预先措施及其相关问题

在野生动物保护法中，更有直接意义的首先还是有关预防野生动物致害的预防性规定。根据我国台湾地区野生动物保育相关规定，野生动物“有危及公共安全或人类性命之虞者、危害农林作物、家禽、家畜或水产养殖者、传播疾病或病虫害者、有妨碍航空安全之虞者、……保留地基于其传统文化祭典”等，不受该有关规定的限制，[2] 得予以猎捕或宰杀。同时规定，保育类野生动物除情况紧急外，应先报请主管机关处理。这些规定，当然包含的有野生动物致害可予适用紧急避险的内容。我国《野生动物保护法》没有相对全面的关于野生动物致害的集中规定，但并不妨碍我们应用更基础性的《刑法》和《民法典》等来认识和解决上述问题——事实上，我国台湾地区野生动物保育相关规定也没有明确这些猎捕或宰杀野生动物的性质。从野生动物保护法本身来说，“保育类野生动物除情况紧急外，应先报请主管机关处理”等，才是野生动物保护立法的特色性规定。而且，我们还注意到即便是预防野生动物致害，也应受到法律控制。根据我国台湾地区野生动物保育相关规定，未经许可擅自设置网具、陷阱、兽铗或其他猎具，主管机关得径予拆除并销毁之。土地所有人、使用人或管理人不得规避、拒绝或妨碍。换言之，如果“设置网具、陷阱、兽铗或其他猎具”是防止野生动物致害的预先性防卫措施，尽管其在《刑法》《民法典》等一般法角度看是合法的，但在野生动物保护法上，则并不一定具有合法性。自然保护地管理机构可以基于自由裁量权，决定是否予以保留或径行没收拆除销毁。而且，诚如前述，在

---

[1] 参见赵运锋、张昌明：《破坏自然保护地罪的理解和适用》，载《检察风云》2022年第6期。

[2] 如我国台湾地区野生动物保育相关规定，保育类野生动物应予保育，不得骚扰、虐待、猎捕、宰杀或为其他利用。但有下列情形之一，不在此限：(1) 族群量逾越环境容许量者。(2) 基于学术研究或教育目的，经主管机关许可者。前项第1款保育类野生动物之利用，应先经主管机关许可；其可利用之种类、地点、范围及利用数量、期间与方式，由主管机关公告之。前二项申请之程序、费用及其他有关事项，由主管机关定之。

自然保护地的核心区，显然是不允许实施上述行为，因为其显具攻击性而非系防御性紧急避险的预先措施。

四、预防野生动物致害中的立法问题

在《野生动物保护法》修订过程中，有的常委会组成人员和部门、地方、专家学者、社会公众提出，对人民群众反映强烈的野生动物致害等问题，本法应作有针对性的规定。对此，《野生动物保护法》第18条规定："有关地方人民政府应当根据实际情况和需要建设隔离防护设施、设置安全警示标志等，预防野生动物可能造成的危害。""县级以上人民政府野生动物保护主管部门根据野生动物及其栖息地调查、监测和评估情况，对种群数量明显超过环境容量的物种，可以采取迁地保护、猎捕等种群调控措施，保障人身财产安全、生态安全和农业生产。对种群调控猎捕的野生动物按照国家有关规定进行处理和综合利用……"第19条第2款、第3款规定，"有关地方人民政府采取预防、控制国家重点保护野生动物和其他致害严重的陆生野生动物造成危害的措施以及实行补偿所需经费，由中央财政予以补助。具体办法由国务院财政部门会同国务院野生动物保护主管部门制定"。"在野生动物危及人身安全的紧急情况下，采取措施造成野生动物损害的，依法不承担法律责任"。

这些新规定具有实践针对性，但在法律机制及有关规定的内容上则均有进一步辨明的必要。首先，从目前的实际情况和实践来看，无论是野生动物造成的损害，还是预防、控制野生动物致害，二者造成的积极、消极损失，都非常大。就后者而言，不应将所有责任都由政府负担，而应允许民间和社会力量参与并承认与此有关的野生动物资源的利用行为的正当性。我国台湾地区野生动物保育相关规定中，若保育类野生动物"族群量逾越环境容许量者"，不受"保育类野生动物应予保育，不得骚扰、虐待、猎捕、宰杀或为其他利用"限制，并规定此种情况下"保育类野生动物之利用，应先经地方主管机关许可；其可利用之种类、地点、范围及利用数量、期间与方式，由中央主管机关公告之。"其次，在野生动物危及人身安全的紧急情况下，"采取措施造成野生动物损害的，依法不承担法律责任"，此规定之内容并不全面和准确。因为危及人身安全的紧急情况下采取的措施，只是豁免行为人对“猎捕或宰杀”的行为禁止，而诚如前述并不当然豁免因此应承担的（其他）法律责任。

第七章 我国禁食野生动物规范研究*

以2022年年底新《野生动物保护法》的通过为标志，辅之以年初《2022动物解释》以及更早前《刑法修正案（十一）》等相关法律的完善，广义的野生动物保护立法已经告一段落。尊重文本基础上的、法律实施取向的法教义学研究，外在观点式地发现立法的不足或对立法的查漏补缺意义有限；换言之，解释者应该以后立法者的整体观点去发现、发掘文本的规范构造，并以内在观点借解释畅通其实施机制、巩固制度实践得来不易之信条。由此，诸如非法猎捕、收购、运输、出售陆生野生动物罪等个罪，才能得到清澈诠释和完善适用。

第一节 从“生产、经营野生动物及其制品制作的食品”说起

最高人民法院、最高人民检察院相关解释以狭义之破坏野生动物资源五罪名为主要内容。从生产、经营“野生动物及其制品制作的食品”说起，试图克服其封闭性——然而，非法经营罪却是典型的、“名声欠佳”的法定犯。

以“野生动物”“野生动物及其制品”“野生动物及其制品制作的食品”等不同表述，《野生动物保护法》禁止和处罚以食用为目的的猎捕、交易、出售和生产、经营等行为；就普通公众或消费者而言，禁止食用或为食用购买

* 本章研究获得云南省教育厅科学研究基金项目资助，项目名称：森林生态资源资产化与林权结构研究（2021J0183）。

的是"野生动物及其制品"。禁食野生动物的立法有行政与刑事处罚两个层次，但若对立法表述上的差异稍加留意，则这些成系列的、带有"截断（短）"特征的行为，[1] 它们在内容上都是以其对象为基础的。《野生动物保护法》作为前置法，其第31条、第50条为《刑法》第341条第3款非法猎捕、收购、运输、出售陆生野生动物罪，提供了前置法的规范基础。然而，在《野生动物保护法》"禁食"的行为规范体系中，[2] 首先值得注意的是《野生动物保护法》第31条第3款中存在的"野生动物及其制品制作的食品"这一表述。仔细辨别不难发现，该款中的"野生动物及其制品"一词并不等同于该法第2条定义条款对其的通常定义，两相对照会发现，其应是狭义的"野生动物及其制品"，即仅指作为原料或食材的"野生动物的整体（含卵、蛋）、部分"——（而）作为被立法明示的"衍生物"，即由此制作的食品便获得了相对独立的法律意义。故而，立法上可以看到，若以野生动物及其制品为原料制作食品，则包容于"生产、经营"行为中，是《野生动物保护法》第53条第2款处罚的对象。此两款规定作为前置法，同样也为《刑法》第225条"非法经营罪"的适用提供了规范基础：形式上呈现出"前置法行为规范——前置法制裁规范——刑法之刑事责任规定"，三者间线性的、接续的——对接关系；而且不带偏见地说，这种清晰关系其已然属法定犯处理前置法与刑法关系之经典模式。诚如后述，事实上被修订的原野生动物保护法，也具备建立与《刑法》非法经营罪直接关系的能力。故而，2020年最高人民法院、最高人民检察院、公安部、司法部联合发布的《关于依法惩治妨害新型冠状病毒感染肺炎疫情防控违法犯罪的意见》（以下简称《惩治疫情防控违法犯罪意见》）中强调："违反国家规定，非法经营非国家重点保护野生动物及其制品，包括……加工食品出售等……依照刑法……以非法经营罪定罪处罚。"

---

〔1〕 这里借用了所谓"截断（短）的犯罪构成"之表达。参见陈兴良：《未完成罪研究》，载《政法论坛》2000年第3期。

〔2〕《野生动物保护法》第31条共4款，形式上第1款是核心，且以含"其他陆生野生动物"方式划定了一个封闭的禁食野生动物圈。然而，当我们对该法第31条进行体系解释后将发现，结论可能并非如此。

在破坏野生动物资源刑事案件内部，《2022动物解释》主要涉及非法猎捕、收购、运输、出售陆生野生动物罪等五个罪，但从历史乃至现实维度来看，此类案件的处理与非法经营罪及其前身投机倒把罪等均有密切关系。1988年《野生动物保护法》第35条第2款规定："违反本法规定，出售、收购国家重点保护野生动物或者其产品，情节严重、构成投机倒把罪、走私罪的，依照刑法有关规定追究刑事责任。"同年，全国人大常委会《关于惩治捕杀国家重点保护的珍贵、濒危野生动物犯罪的补充规定》，在非法捕杀国家重点保护的珍贵、濒危野生动物罪[1]这一新罪名外，曾明确：非法出售倒卖国家重点保护的珍贵、濒危野生动物的行为，"按投机倒把罪处刑"。迄至1997年《刑法》，随着非法猎捕、杀害珍贵、濒危野生动物罪、非法收购、运输、出售珍贵、濒危野生动物、珍贵、濒危野生动物制品罪等成为独立罪名，对于珍贵、濒危野生动物的非法收购、出售行为，才从已废除的投机倒把罪分离出来，不再以该罪名的继承者非法经营罪论处。非法收购、出售珍贵、濒危野生动物在法律评价上的转变，是立法者对生态法益保护开始有所认知的先导，而在持续加强野生动物资源保护的立场下，后续相关刑事立法不可能再重演上述历史过程。不过，在并非周全刑事保护的非国家重点保护野生动物案件方面，面临需要刑事处罚的特殊情况时，外部关系仍有重要意义，"知道或者应当知道……非法狩猎的野生动物而购买"行为，就要借助掩饰、隐瞒犯罪所得罪来克服非法狩猎罪的局限。[2] 在疫情期间，则因欠缺直接规定和对前述《惩治疫情防控违法犯罪意见》贯彻理解上的差异，也导致食用目的的收购、运输、出售非国家重点保护野生动物的案件，存在按照非法经营罪处理之情况。非法经营罪是典型的法定犯，且两个空白罪状——"两个小口袋"的规定，"致使对非法经营罪的解释限度极具弹性"而受到学界的诟病。[3] 然而，仅就《惩治疫情防控违法犯罪意见》中非法经营非国家重点保

[1] 参见张明久：《试论违反野生动物保护法的刑事责任》，载《法学研究》1990年第2期。

[2] 参见2014年全国人民代表大会常务委员会《关于〈中华人民共和国刑法〉第三百四十一条、第三百一十二条的解释》。

[3] 参见田宏杰：《罪状结构的开放性与罪状类型化的反思》，载《法商研究》2023年第2期。

护野生动物及其制品制作的食品而言，其空白罪状所需要填补的规范，即便在2016年《野生动物保护法》中，在形式上无疑已满足了“补充规范要达到一定的效力位阶”和“存在附属刑事责任条款的规定”这两个条件。[1]

罗翔从“前置法→刑法”这一单向关系出发得出的判断，在逻辑上是成立的。但从笔者收集的资料来看，即使疫情期间之司法实践也无仅因将野生动物及其制品“加工食品出售”就单独构成犯罪之案例——对此之合理解释是：针对无法或不宜按掩饰、隐瞒犯罪所得罪处理而彼时之《刑法》又无其他罪名可援用之案件，彼时实务循“轻重相举”之当然解释仅将其中之以食用目的“收购、运输、出售非国家重点保护野生动物及其制品行为”按照非法经营罪论处。现在，在前置法禁食野生动物规范进一步体系化的基础上，非法猎捕、收购、运输、出售野生动物罪之确立之附带意外效果是：从反面促成了非法经营非国家重点保护野生动物之前置法与刑法规定之间最终之对应和衔接。新修订的《野生动物保护法》第31条第3款规定，禁止生产、经营使用本条第1款规定的野生动物及其制品制作的食品。新《野生动物保护法》第53条第2款亦有追究刑事责任的规定：“生产、经营使用本法规定保护的野生动物及其制品制作的食品……生产、经营使用其他陆生野生动物及其制品制作的食品的……构成犯罪的，依法追究刑事责任。”故而，在明确了以食用目的收购、运输、出售陆生野生动物独立成罪的基础上，历经两次修订的《野生动物保护法》所确立的规制食用野生动物之节点，才真正成为《刑法》第225条非法经营罪之基础。一方面，新《野生动物保护法》明确地覆盖了所有陆生野生动物的食用（2016年《野生动物保护法》包括“国家重点保护野生动物、没有合法来源证明的非国家重点保护野生动物”）；另一方面，继承原《野生动物保护法》之规定，将规制的节点和对象落在了生产、经营“使用野生动物及其制品制作的食品”上。由此，生产、经营使用陆生野生动物及其制品制作的食品，经由前置法与刑法的衔接构成非法经营罪，

---

〔1〕罗翔：《空白罪状中刑事不法与行政不法的规范关联》，载《国家检察官学院学报》2021年第4期。

也才符合了构成要件明确性要求。

第二节　食用“野生动物及其制品”过程中之加工

根据现行法和有关司法解释，有违法犯罪外观的、以食用为目的的野生动物加工利用或加工制作，它们与不同的对象、行为环节结合，这些行为具有不同的法律意义。

一、将野生动物及其制品制作成食品

野生动物及其制品制作成食品，存在一个将野生动物及其制品通过煮、炒、煎、炸等烹饪方法，变成可以食用的熟食的过程。此过程中，必然涉及处理食材时会接触野生动物及其制品这一环节，然这一过程亦导致了本罪行为对象物理生化性质和外观上的改变：由前述野生动物及其制品变成了野生动物及其制品制作成的食品——后者导致了行为违法性程度的降低。这可以从新《野生动物保护法》第31条的规定得到印证。该法将食用野生动物相关的行为划分为猎捕、交易、运输（在野外环境自然生长繁殖的）野生动物、食用或者为食用非法购买野生动物及其制品，以及生产经营使用野生动物及其制品制作的食品等。[1] 诚然，若仅从会发生接触野生动物及其制品这一行为片段看，业者加工制作野生动物及其制品为食品，确实存在公共卫生安全的风险。但即便如此，不法接触野生动物是否具有本罪的法益侵害性，还需要考虑行为人所处的行为阶段，是放大还是缩小了公共卫生安全风险。

首先，尽管餐饮业者收购野生动物及其制品符合《刑法》第341条第3款规定之构成要件，但仅就其加工制作野生动物及其制品为食品出售而言，可以肯定其行为已超出了“非法猎捕、收购、运输、出售陆生野生动物罪”的构成范围——换言之，仍应该按照《惩治疫情防控违法犯罪意见》，以非法

〔1〕 据此可以推知，若仅食用或为食用购买生产、经营者非法使用野生动物及其制品制作的食品，法解释论上消费者或普通公众的行为并不存在哪怕一般意义上的违法性。

经营罪论处。[1]

其次，之所以以非法经营罪论处，其形式依据是其加工制作行为促成了野生动物及其制品向制作的食品的转化，然其实质依据则在于一定程度上降低了因运输、收购野生动物及其制品的公共卫生风险。进而，虽然该行为仍有可罚性，但其侵害的法益已经发生变化。

再次，似乎一般来讲，猎捕行为属于收购、运输、出售等行为的上游行为，具有更大的违法性和处罚必要性。但事实上，公共卫生风险应以这些行为之对象，即狭义的“野生动物及其制品”这种物的状态持续存在，并重点以在收购、运输、出售环节逐步扩大这种风险作为其判断之基准。

最后，更为重要的是，一方面，当然是因为以食用为目的猎捕国家重点保护的珍贵、濒危野生动物以外的陆生野生动物，可以适用“收购、运输、出售”行为一样的处罚标准（1 万元或 5 万元以上），[2] 而通常的、小规模的、非组织性的猎捕，要达到这一标准有一定难度；另一方面，因其处于公共卫生风险产生的早期阶段，在行为时行为人即具有的一定之目的心理状态支配下行为人及时阻断了这种风险，则不应认为符合本罪的构成要件，当然也没有处罚必要性。对此，正如一些文献认为的，基于个人自用而以食用为目的猎捕陆生野生动物的，对其适用本罪进行处罚需要采取慎重的态度[3]或不应以本罪论处。[4]

---

〔1〕此处（包括接下来的第二点）绝无就餐饮业者之全部行为从轻处罚之意。相反，应就其收购之陆生野生动物尚未加工制作为食品部分与已经加工食品出售之部分，分别按照收购陆生野生动物（罪）、非法经营（罪）论处，且实行（数罪）并罚。详细论述参见后文。

〔2〕《2022 动物解释》第 8 条第 1 款规定：“违反野生动物保护管理法规，以食用为目的，非法猎捕、收购、运输、出售刑法第三百四十一条第一款规定以外的在野外环境自然生长繁殖的陆生野生动物，具有下列情形之一的，应当认定为刑法第三百四十一条第三款规定的‘情节严重’，以非法猎捕、收购、运输、出售陆生野生动物罪定罪处罚：（一）非法猎捕、收购、运输、出售有重要生态、科学、社会价值的陆生野生动物或者地方重点保护陆生野生动物价值一万元以上的；（二）非法猎捕、收购、运输、出售第一项规定以外的其他陆生野生动物价值五万元以上的；（三）其他情节严重的情形。”

〔3〕参见胡云腾、余秋莉：《〈刑法修正案（十一）〉关于生物安全规定的理解与适用——基于疫情防控目的的解读》，载《中国法律评论》2021 年第 1 期。

〔4〕参见钱小平、李庆：《非法猎捕、收购、运输、出售陆生野生动物罪的保护法益及其司法适用——以〈野生动物解释〉为视角》，载《河南财经政法大学学报》2022 年第 5 期。

二、将野生动物加工为狭义的野生动物制品的行为

最高人民法院、最高人民检察院在原司法解释的基础上，在《2022 动物解释》第 5 条规定："刑法第三百四十一条第一款规定的……'出售'包括出卖和以营利为目的的加工利用行为。""刑法第三百四十一条第三款规定的……'出售'，是指以食用为目的，实施前款规定的相应行为。"与前述"将野生动物及其制品制作成食品"不同，《2022 动物解释》中的"加工利用行为"通常表现为将野生动物整体分割、分解加工为部分；在其延伸线上，如果是活体，向前可以包括宰杀行为，向后包括将已分割成部分进行处理，进一步加工为工艺品或标本、腌腊制品等。但无论怎样，就食用方向的用途而言，《2022 动物解释》中的"加工利用行为"都不会导致野生动物及其制品变成可直接食用的熟食这一后果，更不以将之加工制作为可直接食用的熟食为直接目的。

这样的"加工利用行为"及其形成的状态，令行为人及他人随时都面临公共卫生风险，具有法益侵害性而成为本罪或危害珍贵、濒危野生动物罪之构成要件行为的组成部分。本章的立意是要在《禁食野生动物决定》颁布后巩固新《野生动物保护法》确立的相关禁食规范之基础地位和其作为初级规则的效力；相应地，作为次级规则的《刑法》第 341 条第 3 款，要求刑法解释论上明确非法猎捕、收购、运输、出售陆生野生动物罪的构成要件。以下之讨论和结论，总体上判定该罪系自然犯而非法定犯，而其构成要件明确化，必将反作用于野生动物保护法之有效实施。换言之，通过普罗公众的自我行为控制机制，弥补我国《野生动物保护法》下野生动物管理对食用为目的的陆生野生动物猎捕、运输、交易等管理的排斥——管理空白，并改变单纯依赖行政、刑事处罚的局面。

笔者有理由相信，这一从是否系"直接食用"作为起点把握的非法猎捕陆生野生动物罪的构成，将能发挥可观而广泛的制度效益：在对野生动物的无端恐惧能得到缓解的同时，底层民众的合理需求可不被污名化并得到应有之理解和尊重；在有限的惩罚主义下，本次《野生动物保护法》侧重

公共卫生风险控制的立法目的，也方能以代价较低的法律实施成本达到和实现。

第三节　非法猎捕、收购、运输、出售陆生野生动物罪的构成要件

根据2021年最高人民法院、最高人民检察院《关于执行〈中华人民共和国刑法〉确定罪名的补充规定（七）》的规定，本罪成为破坏野生动物资源案件五个罪名中唯一凭借行为的选择性罪名。[1] “选择罪名，是指所包含的犯罪构成的具体内容复杂，反映出多种行为类型，既可以概括适用，也可以分解拆开使用的罪名。”诚如前述，“非法猎捕、收购、运输、出售陆生野生动物罪”不是一般意义上的选择性罪名，从中析出的猎捕陆生野生动物罪具有较强的独立性。[2] 本章以下内容主要围绕猎捕行为进行讨论。

一、“违反野生动物保护管理法规”

本条“违反野生动物保护管理法规”，会误导解释者认为本罪是法定犯，但本罪事实上具有更强的自然犯属性。

涉及生态环境领域的犯罪，作为法定犯具有较强的行政从属性——其背后的规范构造采的是“一般禁止＋符合法定条件或例外之规定的行政许可”的结构。但是，因为《野生动物保护法》第31条第1款具有基础性且属被植入原生秩序的初级规范，具有普遍之效力而首先对行政权力运用具有检视和限制功能。由此决定，野生动物保护主管部门不得颁发包含食用目的的狩猎证；行政许可的相对人猎捕后的利用权，也就不可能具备由前者明示或默示

〔1〕其他四个罪名分别是走私珍贵动物、珍贵动物制品罪，非法捕捞水产品罪，危害珍贵、濒危野生动物罪（罪名修改前为“非法猎捕、杀害珍贵、濒危野生动物罪”“非法收购、运输、出售珍贵、濒危野生动物、珍贵、濒危野生动物制品罪”），非法狩猎罪。

〔2〕且具有在与非法狩猎罪竞合时的不可替代性。《2022动物解释》第8条第2款规定：“实施前款规定的行为，同时构成非法狩猎罪的，应当依照刑法第三百四十一条第三款的规定，以非法猎捕陆生野生动物罪定罪处罚。”

赋予的食用野生动物这一内容。[1] 食用野生动物之条件性或例外性之行政许可，不可能存在。“皮之不存，毛将焉附”，故而，不加分析谓本罪具有行政从属性，不具有说服力也难以成立。[2]

谓其是法定犯，只能宽泛地说其违反了《野生动物保护法》第31条这些前置规范。[3] 然而，除行为对象之解释外，[4] 本罪受该条及《野生动物保护法》之整体的限制较少。就野生动物及其制品的流通而言，《野生动物保护法》第31条使用的术语是“交易、运输”，而《刑法》使用的术语是“收购、运输、出售”——其中的收购，显然不是一般意义上的交易，而出售则在出卖外还包括“以营利为目的的加工利用行为”；另外，因食用目的的猎捕无法纳入行政许可的范围，故构成本罪的“运输”也与《野生动物保护法》中的运输有别——作为违反该法行政处罚之对象，运输野生动物仅限于无合法来源（如无狩猎证）的出县境运输行为，而刑法学上的运输则更强调以通常事实样态为基础进行判断。[5]

二、“以食用为目的”

与危害珍贵、濒危野生动物罪相关之提示性立法解释有别，[6] 在非法猎

---

〔1〕 野生动物及其制品药用需要经过行政许可，根据《野生动物保护法》第30条第2款的规定：“野生动物及其制品作为药品等经营和利用的，还应当遵守《中华人民共和国药品管理法》等有关法律法规的规定。”但“野生动物及其制品作为药品”已超出本书论述范围，本书存而不论。

〔2〕 参见陈伟：《禁食野生动物的刑法规制与教义阐释——以〈刑法修正案（十一）〉第四十一条为中心》，载《政治与法律》2021年第5期。

〔3〕 非法猎捕、收购、运输、出售陆生野生动物罪与前述非法经营罪的适用有所不同。由于《野生动物保护法》第50条的制裁规范将在野外环境自然生繁殖的陆生野生动物分为“本法规定的保护动物”“其他陆生野生动物的”，与《刑法》第341条“第一款国家重点保护的珍贵、濒危野生动物”“第一款规定以外的在野外环境自然生长繁殖的陆生野生动物”的区分方案有别。因而，非法猎捕、收购、运输、出售陆生野生动物罪与前置法——尤其是前置法中的制裁规范，呈现出交错关系而非一一对应关系。

〔4〕 详见后文第三部分之（一）的讨论。

〔5〕《2022动物解释》第5条第1款中规定：“运输”包括采用携带、邮寄、利用他人、使用交通工具等方法进行运送的行为。

〔6〕 参见2014年全国人民代表大会常务委员会《关于〈中华人民共和国刑法〉第三百四十一条、第三百一十二条的解释》。

捕、收购、运输、出售野生动物罪中，“以食用为目的”是本罪犯罪行为主观要件中的目的要素。对其之解释，一方面诚然要从其独立之规范目的——“防范和控制公共卫生安全风险”出发，另一方面还取决于解释者对生活实态中“公共卫生安全风险点”的准确把握，避免不当的比附判断而影响结论的有效性。有论者将非法提供麻醉药品、精神药品罪中第三者“吸食”麻醉药品、精神药品与本罪中“以食用为目的”及其食用行为进行对比，认为“吸食毒品行为本身并未犯罪化”[1] 而本罪就（全面）犯罪化了。然而，生活的实态告诉我们：一个完整的食用行为包含了食材之加工准备、食材之烹饪加工、食品的最后食用等环节和过程。诚如前述，单纯对加工完成的食品之最后食用是不可能被视为违法犯罪的；而且食用熟食形态的食品——无论是何种食材制作的，常识上抑或科学上都承认：其既不具有对食用者的健康危害，也不具有值得处罚的公共卫生风险。

（一）“以食用为目的”在猎捕自用与收购、运输、出售行为间的断裂、统一

循本书自身逻辑，就猎捕自用而言则并非在一般意义上一概排除其违法性。即若行为人的食用之目的直接指向野生动物及其制品，也即以食用动物活体、生吃动物及其制品为目的猎捕野生动物的，因其行为将调高公共卫生风险，则仍符合本罪之构成。但是，若行为人个人食用目的之心态系将野生动物及其制品加工制作为食品——成为熟制食品，则其猎捕行为就不应被认为符合本罪之构成。就猎捕后即进行出售之情形，以及相对方或其他第三者实施的收购、运输、出售野生动物制品，“以食用为目的”可以在规范意义上解释为：上述行为过程中，“野生动物及其制品”这种物的状态没有发生由生至熟的质的变化，并在生活意义上被社会通念认为这种状态下的“野生动物

---

〔1〕 参见李晓明、麻爱琴：《非法猎捕、收购、运输、出售陆生野生动物罪的教义学分析》，载《苏州大学学报（哲学社会科学版）》2022年第3期。

及其制品”是“食材”。[1]

显然，猎捕自用与可能导致普通消费者或公众食用野生动物及其制品制作的食品[2]间，本书在法解释上就“以食用为目的”出现了解释结论上的断裂和差别。前者将符合本罪的构成的目的之内容理解为“直接食用”之“活吃”或“生吃”；后者除可包含这一内容外，目的行为更常见表现是：预见或者可合理推知，餐饮业者或消费者将作为食材的野生动物及其制品加工制作为“熟食”。但是二者还是有统一面的，即值得处罚的猎捕自用与收购、运输、出售陆生野生动物，它们的行为对象都指向的是没有发生质的变化的“野生动物及其制品”。[3] 正是这一状态下的“野生动物及其制品”与这些行为相结合，才可能导致公共卫生风险在不同行为者间传导——或行为人本身成为公共卫生的风险源，从而给公共卫生安全形成隐患。

---

〔1〕 霍菲尔德曾引用过著名的小虾沙拉问题（the Shrimp Salad Problem）：试想 A、B、C、D 都是小虾沙拉的所有者，他们对 X 说：“如果你愿意，你可以吃小虾沙拉，我们许可你这样做，但我们并不保证不干预你。”这一例子中存在特权，因此如果 X 成功地吃到沙拉，他没有侵犯任何一方的权利；X 可以声称“吃小虾沙拉是我的一个利益，如果我能付款法律就会保护此种利益，因此，吃我已付款的小虾沙拉就是我的一项权利，尽管我知道它总使我腹痛”。来自 A、B、C、D 的干预形式则包括：“如果 A 死死拿着碟子以至于使 X 吃不到沙拉，A 也没有侵犯 X 的任何权利。”沙拉是生吃的，本书的观点将法律干预触角深入活吃、生吃野生动物及其制品上。因为这不仅是会致个体“腹痛”之问题且还涉及更关键的公共卫生安全风险；并且，其在根底上与普遍中国人之饮食习惯——以熟食为主要对象的饮食习惯和文化相抵牾。还可体察的是，霍菲尔德的例子也清晰说明，《野生动物保护法》第 31 条第 1 款禁食所有陆生野生动物，法理上也没有问题，因为野生动物资源“这个碟子”，属于国有。参见［美］霍菲尔德：《司法推理中应用的基本法律概念》（下），陈端洪译，载《环球法律评论》2007 年第 4 期。另参见陆幸福：《论搜索引擎服务商在提供链接过程中的权利与义务——基于霍菲尔德权利理论的一种分析》，载《法学评论》2013 年第 4 期。

〔2〕 有文献将此表述为“以公众食用为目的”。参见钱小平、李庆：《非法猎捕、收购、运输、出售陆生野生动物罪的保护法益及其司法适用——以〈野生动物解释〉为视角》，载《河南财经政法大学学报》2022 年第 5 期。

〔3〕 这一判断要点很重要。若野生动物及其制品虽经餐饮业者（加工）制作但仍是“生或活”状态的“食品”，法律评价上应视为加工过程没有发生野生动物及其制品的属性和状态的变化，仍属《2022 动物解释》中“以营利为目的的加工利用行为”。换言之，行为人以营利为目的将野生动物及其制品加工为“生或活”状态的“食品”，应以出售陆生野生动物罪论处，而不构成非法经营罪。

（二）作为食材的“野生动物及其制品”状态和属性改变的意义

个人自用制作成熟食为目的猎捕不符合非法猎捕陆生野生动物罪构成，且因本罪的自然犯属性，则意味着行为人没有违反相关禁食野生动物规范，进而至少在当地社区的居民猎捕“其他陆生野生动物”范围内，[1]属于“法无禁止即自由”的范围。一方面，当地社区居民自用制作成熟食食用，应该直接肯定其行为的合法性；另一方面，也应当允许当地社区居民小规模地、不以“生产、经营”方式将野生动物及其制品制作成食品。后者，意味着承认当地社区有有限地利用野生动物资源发展经济的权利。即尽管不能以“摆摊设点等方式”进行“生产、经营”，但若只是将在家中已经制作成（熟）食品形态的野生动物及其制品予以出售的，则也应当肯定其行为的合法性。以此为合法性基础，进一步来说意味着收购、运输、出售熟食形态的陆生野生动物及其制品，也不构成本罪或非法经营罪——这也是前文一再强调的本罪的对象是“野生动物及其制品”而不是“野生动物及其制品制作的食品”之故。

当然，此一论证逻辑，也可能被违法犯罪分子利用，即在陆生野生动物有组织猎捕或收购后、运输中乃至出售前，将野生动物及其制品加工制作为食品后进行进一步运输、出售。但是，因本罪是状态犯而非继续犯，故在实体法上不影响这些行为的犯罪性质。在本罪既遂后到案发前，行为人实施将陆生野生动物加工制作成熟食，本书认可其可能之量刑积极影响。因为，就公共卫生风险的控制来讲，加工制作为熟食某种意义上亦可说是刑事政策上

---

〔1〕与《刑法》第341条第3款——国家重点保护的野生动物之外的在野外环境自然生长繁殖的陆生野生动物——有别，据新《野生动物保护法》，此处的“其他陆生野生动物”系指国家重点保护野生动物和国家保护的有重要生态、科学、社会价值的陆生野生动物之外的陆生野生动物——当然，地方性立法可以将地方重点保护的野生动物纳入而成为该法规定的保护动物，从而进一步限缩“其他陆生野生动物”的范围。根据《野生动物保护法》第21条、第22条的规定，猎捕该法规定的保护动物的（包括国家重点保护野生动物、地方重点保护野生动物和“三有”动物），都需要办理特许猎捕证或狩猎证，经许可后才能猎捕。但诚如前述，即使是有证猎捕，其既不包含食用为目的猎捕，也不包含允诺猎捕后进行食用性利用之内容。

乐见之结果。

三、“在野外环境自然生长繁殖的陆生野生动物”

本罪的解释，除围绕“野生动物及其制品”这一对象之状态把握“违反野生动物保护管理法规”“以食用为目的”等要件并借助其具体地理解猎捕、收购、运输、出售等行为外，尚涉及该罪之具体对象还受系“在野外环境自然生长繁殖的陆生野生动物”之限制。

（一）人工繁育野生动物，不是本罪的对象

从法条的文意来看，一般认为其排除了合法开展的、经许可或备案的人工繁育野生动物成为本罪的对象。[1] 然而，这种排除是绝对排除还是相对排除，却存在不同的观点。有学者认为，除农业农村部发布的《国家畜禽遗传资源目录》列入的梅花鹿、马鹿、驯鹿、羊驼、火鸡、鸵鸟等16种特种畜禽外，因“相关疫病研究及防疫体系尚不成熟，仍有一定的食用安全风险，仍属于本罪的犯罪对象”。[2] 这是一种限缩人工繁育野生动物范围的相对排除观点，同时无疑极大地扩大了本罪的范围——尤其是收购、运输、出售人工繁育《国家畜禽遗传资源目录》之外的人工繁育陆生野生动物等而言。本书认为，应遵从法条的文意，将人工繁育野生动物一概直接排除出本罪的适用

---

〔1〕《野生动物保护法》第31条整体继承了《禁食野生动物决定》的内容和精神，但值得注意的是，并没有保留该决定中第2条第1款全面禁食“包括人工繁育、人工饲养的陆生野生动物”这一内容。当然，《禁食野生动物决定》仍然有效，其限制了食用目的之人工繁育野生动物的精神被新《野生动物保护法》继承；另一方面，对于本罪涉及的禁止行为之对象的内涵而言，《禁食野生动物决定》第2条中规定的内容与《野生动物保护法》、《刑法修正案（十一）》的规定都是相同的。而且退一步来说，《禁食野生动物决定》第2条之第1款和其第2款内容本身也有显著差别，第2款禁止的也只是以食用为目的、交易、运输在野外环境自然生长繁殖的陆生野生动物，不包含第1款中的“包括人工繁育、人工饲养的陆生野生动物”这一内容。另外，在《禁食野生动物决定》颁布之前，学者们也“通常认为人工养殖或者驯养的一般野生动物不能成为非法狩猎罪、非法捕捞水产品罪的犯罪对象”。参见彭文华：《破坏野生动物资源犯罪疑难问题研究》，载《法商研究》2015年第3期。

〔2〕钱小平、李庆：《非法猎捕、收购、运输、出售陆生野生动物罪的保护法益及其司法适用——以〈野生动物解释〉为视角》，载《河南财经政法大学学报》2022年第5期。

范围。[1] 理由如下：

首先，根据新《野生动物保护法》，确实可以据技术成熟程度等因素，对人工繁育野生动物做出以下四种分类：即“人工繁育技术尚未达到成熟稳定的、以物种保护等为目的之人工繁育”、“国家重点保护野生动物名录和有重要生态、科学、社会价值的陆生野生动物名录中野生动物之人工繁育”、“调出国家重点保护野生动物名录和有重要生态、科学、社会价值的陆生野生动物名录的野生动物之人工繁育”、人工繁育《国家畜禽遗传资源目录》中“野生动物”之人工繁育等。[2] 显然，论者仅将最后一类，即人工繁育《国家畜禽遗传资源目录》“野生动物”排除在本罪之外。[3] 在扩大本罪处罚范围的同时，这将极大地限制我国人工繁育野生动物的发展，而这又与新《野生动物保护法》第3条第2款“国家保障依法从事野生动物科学研究、人工繁育等保护及相关活动的组织和个人的合法权益”的立法意旨不符。仅以人工繁育野生动物的出售、利用、运输等行为中的“运输”而论，本来，根据《野生动物保护法》的规定，只要有人工繁育许可证、备案等合法来源证明或者专用标识，就可以出县境运输人工繁育野生动物。[4] 然而，涉嫌本罪的运输，诚如前述首先是一个纯事实判断。换言之，若本罪的适用对象包含了大

---

[1] 《野生动物保护法》中，人工繁育野生动物与人工繁育的野生动物，从法条表述及其关联的内容看存在差异。后者，即“人工繁育的野生动物”指涉方向包括野生动物的放归、放生和人工繁育野生动物逃逸、致害等。本书表述的是一概排除“人工繁育野生动物”而不是“人工繁育的野生动物”。因此，对于合法放归、放生的人工繁育的野生动物，应当认为其因被放归、放生至野外环境因而属于“在野外环境自然生长繁殖的陆生野生动物”，是本罪之对象。

[2] 参见《野生动物保护法》第29条。

[3] 看到了纳入《国家畜禽遗传资源目录》而可以食用的人工繁育野生动物的狭隘性，从事生态环境法研究的学者基于传统野生动物管理上的需要，建议：在《人工繁育国家重点保护陆生野生动物名录》（目前共9种）和《商业性经营利用驯养繁殖技术成熟的陆生野生动物名单》（共54种）等名录和名单的基础上（可继续修改完善有关名录和名单），将人工繁育技术成熟（不管人工繁育技术稳定还是不稳定）、卫生安全的人工繁育动物纳入可食动物“白名单”；将野生动物中的“疫源疫病动物”和“重点保护动物”纳入禁食“黑名单”；将公共卫生安全风险较小的其他野生动物，特别是无脊椎动物和人工繁育动物，可纳入倡导不食的“灰名单”。参见杨朝霞：《野生动物禁食制度的革新——从野生动物三重概念的剖析入手》，载《东岳论丛》2021年第1期。

[4] 参见《野生动物保护法》第28条第3款、第34条第2款、第36条第1款、第52条第2款。

多数的人工繁育野生动物，人工繁育陆生野生动物的业者即便有合法来源证明，只要其人工繁育野生动物进入运输状态，就可能以涉嫌本罪为名受到查控。

其次，前述人工繁育野生动物呈现了一个类型系列。一方面，这一系列显然有立法者价值判断上的梯度进阶，即包含了食用在内的人类对野生动物资源的利用不断深化之取向；另一方面，若此序列中人工繁育《国家畜禽遗传资源目录》中的“野生动物”是野生动物人工繁育产业及最后技术发展的结果，就不得不承认这一序列在技术发展过程中并不排斥食用的目的和内容。

再次，即便从人工繁育野生动物的行政管理来讲，尽管可以明确的是人工繁育《国家畜禽遗传资源目录》“野生动物”是可以食用的，但对“人工繁育调出国家重点保护野生动物名录和有重要生态、科学、社会价值的陆生野生动物名录的野生动物”，《野生动物保护法》也指出可以“实行与野外种群不同的管理措施”〔1〕——这意味着可以扩大利用的范围。

复次，就刑法解释而言，论者仅将食用人工繁育《国家畜禽遗传资源目录》之外野生动物的公共卫生风险配置给本罪。事实上，一方面，因为有合法来源或标识的野生动物的交易、运输和利用，应当依法附有检疫证明，〔2〕故人工繁育野生动物的公共卫生风险可控；另一方面，本罪的对象事实上还小于非法经营罪，即后者可以扩大包含人工繁育野生动物——如人工繁育之国家重点保护野生动物，故也不存在法律控制上的漏洞。

最后，是不是人工繁育野生动物，在《2022动物解释》中将其作为所有破坏野生动物资源刑事案件“是否构成犯罪以及裁量刑罚时”的一个自由裁量因素——且在两种情形下司法者应“一般不作为犯罪处理”。〔3〕但是，单独就非法猎捕、收购、运输、出售陆生野生动物罪来讲，若涉案野生动物是人工繁育野生动物，则一概不应以本罪论处。

---

〔1〕参见《野生动物保护法》第29条第2款。

〔2〕参见《野生动物保护法》第28条第5款、第34条第3款。

〔3〕参见《2022动物解释》第13条。

（二）外来入侵物种问题

其实，本罪更值得讨论的是外来入侵物种问题。

一方面，与非法猎捕、收购、运输、出售陆生野生动物罪一样，非法引进、释放、丢弃外来入侵物种罪也是《刑法修正案（十一）》增加的罪名，两个罪名之间的关系有待厘清。另一方面，所谓“外来物种”，是指在中华人民共和国境内无天然分布，经自然或人为途径传入的物种，包括该物种所有可能存活和繁殖的部分；所谓“外来入侵物种”，是指传入定殖并对生态系统、生境、物种带来威胁或者危害，影响我国生态环境，损害农林牧渔业可持续发展和生物多样性的外来物种。[1] 就本罪而言，倘从“外来物种”的定义出发，“中华人民共和国境内无天然分布”的外来物种似乎可以被排除在本罪之外——因为至少在历史上这些外来入侵物种并没有生活“在（中国的）野外环境中”；然而，若从“外来入侵物种”的定义看，固然因其已现实的生活在中国的野外环境中，因其“定殖”，当然亦属在野外环境“自然生长繁殖”。仅从形式上看，以食用为目的猎捕、收购、运输、出售外来入侵陆生野生动物，似乎也符合本罪的构成要件。然而，亦当明确的是，外来物种入侵是全球四大环境问题之一，故以食用为目的猎捕外来入侵之陆生野生动物，法感上显然没有人会真的认为其应构成犯罪并值得处罚。问题是，行为人究应在构成要件该当、违法、有责的哪个阶层被作为无罪来认定和评价呢？本书认为，尽管外来物种和外来入侵物种并不是一个简单的上位概念和下位概念的问题，但对外来入侵物种，仍然可以在观念上，亦即本罪的构成要件符合性的评价上，认为其不是或不该是在中国的自然环境中自然生长繁殖的野生动物，即属于外来物种，对其进行食用性猎捕不能充足本罪的构成

［1］参见2022年农业农村部等四部门《外来入侵物种管理办法》第2条。

要件。[1]

当然，外来物种与外来入侵物种毕竟有别。判断是否系外来入侵物种，应当以相关名录为准。[2] 其他“在野外环境自然生长繁殖的陆生野生动物”之外来物种，除受人工繁育野生动物以及特定地域[3]限制外，原则上仍是本罪构成要件之对象——是否需要作出无罪处理，应当在违法性、[4] 有责性阶段进行个案判断。

第四节　“非法猎捕、收购、运输、出售陆生野生动物罪”的启示

本罪不是目的犯中的典型的“实施符合构成要件的行为后，还需要行为人或第三者实施其他行为才能实现的目的”的所谓“短缩二行为犯”。[5] 这种不典型性，是由于本罪“以食用为目的”及其相关的第二个行为，即“加工利用”行为的复杂性，并导致第二个行为在评价上出现二极、三极乃至多

〔1〕基于同样的理由，行为人以食用为目的收购、运输、出售外来入侵物物种，即便活体的也不构成非法收购、运输、出售陆生野生动物罪。其上游行为，则仍可构成非法引进、释放、丢弃外来入侵物种罪，且这些行为可以包含食用目的。比如，该罪中的引进系“指有意引进，即基于生产、食用、观赏等目的引进”。参见任学婧、敦宁：《非法引进、释放、丢弃外来入侵物种罪探究》，载《政法学刊》2022年第1期。

〔2〕外来入侵物种亦实行名录管理制度。目前，我国共发布了四批共71个外来入侵物种名单，应依此确定外来入侵物种的范围。

〔3〕《野生动物保护法》第12条第3款规定，禁止或者限制在自然保护地内引入外来物种、营造单一纯林、过量施洒农药等人为干扰、威胁野生动物生息繁衍的行为。

〔4〕合法放生野生动物包括放生人工繁育的野生动物，应当“应当选择适合放生地野外生存的当地物种”。因此，就野生动物放生来讲，只要是外来物种，就具有形式违法性。但是，外来物种是否有害，也有一个实质判断问题，即还要对是否“干扰当地居民的正常生活、生产”、是否“对生态系统造成危害”等进行衡量。参见《野生动物保护法》第41条。

〔5〕其特点是，“完整”的犯罪行为原本由两个行为组成，但《刑法》规定，只要行为人以实施第二个行为为目的实施了第一个行为（短缩的二行为犯的实行行为），就以犯罪（既遂）论处，而不要求行为人客观上实施第二个行为；与此同时，如果行为人不以实施第二个行为为目的，即使客观上实施了第一个行为，也不成立犯罪（或者仅成立其他犯罪）。在此意义上说，短缩的二行为犯实际上是将二行为犯或复行为犯缩短为一行为犯或单行为犯。参见张明楷：《论短缩的二行为犯》，载《中国法学》2004年第3期。

极对立。[1] 更关键的是本罪——尤其是其中的猎捕陆生野生动物罪，并不以实施加工利用行为才能实现食用目的为必要；单独地看，猎捕陆生野生动物罪在一定意义上存在不是短缩二行为犯之情形。非法猎捕、收购、运输、出售陆生野生动物罪这样的目的犯，刑法理论需要小心研究，一定要进行结构处理、一定要细加辨析，方能认清其构成要件和处罚范围。

基于本罪是自然犯的判断，本书致力于该罪在构成要件上的明确——而不只是在违法性、有责性阶段个案判断性地为实务解套、为行为人出罪。一方面，诚然是《刑法》第341条第3款，每一个语段、每一个用词都需要仔细辨明——前提性的是对我国《野生动物保护法》的深入理解。另一方面，视行为人猎捕行为符合《刑法》规定的“非法猎捕、收购、运输、出售陆生野生动物罪”的构成要件，继而又以不具期待可能性、有紧急避险或地方习俗承认[2]等事由，认为不构成犯罪而最终作出了撤销案件、不起诉或不负刑事责任的判决等处理。这样的实体处理亦可接受。但是，从程序法的角度来看，公安司法机关在作出上述出罪决定前，就必然或会实施立案、采取强制措施等司法行为——显然，这样的刑罚权的发动又不可能一般性地视为违法。因此，只有构成要件明确，才能有效阻止、限制国家权力的发动，才能不会偏移公众的一般社会认知而有效保障公民的合法权利。基于上述同样的道理，笔者非常认同最高人民法院、最高人民检察院机关解释将本罪的罪量条件，即将“情节严重”解释为“非法猎捕、收购、运输、出售有重要生态、科学、社会价值的陆生野生动物或者地方重点保护陆生野生动物价值一万元以上的”或“非法猎捕、收购、运输、出售第一项规定以外的其他陆生野生动物价值

---

〔1〕 评价上，是违法还是合法、是构成要件还是非构成要件、是定罪还是量刑等。

〔2〕 参见刘柳：《习俗与法律的辩证关系——以〈刑法修正案（十一）〉野生动物保护立法为视角》，载《江汉论坛》2021年第10期。

五万元以上的”的积极意义，[1] 但根据《野生动物保护法》第35条第4款、第5款和该解释第14条建立的“刑”“行”双向衔接体系，不明确的构成要件仍有待完善，否则较易导致普通公众动辄得咎。

在一般法理学层面，我国野生动物保护立法在食用野生动物上没有采用“普遍禁止+符合法定条件或例外之行政许可”之规范构造——其直接后果，表现为作为初级规则的禁食野生动物的规范欠缺“改变规则”；这一局面又因这一初级规则的特殊承认规则表达方式被强化。[2] 从而，禁食野生动物的初级规则优位于次级规则，具有普遍效力和检视约束行政权力的功能——这是与哈特规则理论模型[3]之不同之处。在拓展意义上，一方面，可以肯定的是，禁食野生动物规范检视约束行政权力是全面的，任何形态的加工利用、生产经营野生动物制作的食品，都不得予以行政许可或不属相关许可之附带内容；另一方面，作为审判规则或裁判规则的《刑法》第341条第3款之非法猎捕、收购、运输、出售野生动物罪之适用，其规范检视功能则表现为刑法的提示、告知机能。后者，有“并不是严格意义上的对犯罪与刑罚的提示、

---

[1] 相较于原司法解释，《2022动物解释》的一个突出改变是：“将定罪量刑的数量标准调整为价值标准，确保罪责刑相适应。”需注意的是，《2022动物解释》第15条第2项对有重要生态、科学、社会价值的陆生野生动物、地方重点保护野生动物、其他陆生野生动物及其制品的价值，采取了有别于国家重点保护野生动物的方法——“（通常）根据销赃数额认定；无销赃数额、销赃数额难以查证或者根据销赃数额认定明显偏低的，根据市场价格核算，必要时，也可以参照相关评估标准和方法核算。”不过，即使采用这种方法，也是有争议的。有观点认为，“实践中易导致未实际售出的动物及其制品（因为相关交易均不合法，或者此前未有此类动物交易，故市场价格无法确定）按评估价计算，价值更高，而已经售出的按交易价格计算反而价值低的情形，造成罪刑倒挂。”解释起草者认为：“罪刑倒挂问题，恰恰可以通过妥当适用本项规定予以避免。需要注意的是，本项规定‘参照’而非‘依照’相关评估标准和方法核算，这就赋予一线办案部门以自由裁量权，可以在核算价值的过程中裁量把握，做到罪刑均衡而非罪刑倒挂。”笔者认为，所谓“赋予一线办案部门以自由裁量权”或避免罪刑倒挂，作无罪处理是重要之情形或方法。

[2] 全国人大常委会通过《关于全面禁止非法野生动物交易、革除滥食野生动物陋习、切实保障人民群众生命健康安全的决定》的形式确立了新《野生动物保护法》禁食野生动物规范的主要内容。

[3] 法律是初级规则与次级规则的结合，故二者都很重要。但初级规则具有模糊性、静止性、无效性，次级规则有助于在功能上克服初级规则的缺陷。因此，次级规则优位是哈特理论的自然结论——尤其是在现代法律中。参见［英］哈特：《法律的概念》，许家馨、李冠宜译，法律出版社2011年版，第72～89页。

告知机能，而是包含了对一般的行为规则、行为基准的提示机能告知机能”的行为无价值，更有“不得实施造成法益侵害或者危险的行为”的结果无价值。[1] 正因如此，经过教义学上的努力，非法猎捕、收购、运输、出售陆生野生动物罪明确的构成要件，至少为普通人提供了法范围内仍有迹可循的自由空间。

第五节　结　　语

针对不同主体，后立法者的、(应）整合的禁食野生动物规范体系，其在适用的侧重点、强度、集合度上存在差别。除应重点打击食用目的之收购、运输、出售以及带组织性的猎捕等外，根据本书观点，对宾馆、饭店等餐饮单位，应分别就其已“加工（成）食品出售”部分、“库存查获的野生动物及其制品”，按非法经营（罪）、收购陆生野生动物（罪）论处且实行（数罪）并罚[2]——由此，在避免了重复评价基础上实现了对行为人行为之全面、准确评价，而刑法之规范告知、提示机能也得以完整满足。

还要特别加以指出的是，前文所述主要以普通人为主要视角的、以猎捕陆生野生动物罪为中心而就其“以食用为目的”这一主观构成要件要素上的“生吃、熟吃”之划分观点，存在割裂《野生动物保护法》禁食野生动物之

---

[1] 参见张明楷：《行为无价值论的疑问——兼与周光权教授商榷》，载《中国社会科学》2009年第1期。

[2] 我们注意到，在《2022动物解释》中，“二年内曾因破坏野生动物资源受过行政处罚的”，是走私珍贵动物、珍贵动物制品罪，非法捕捞水产品罪，危害珍贵、濒危野生动物罪，非法狩猎罪四个罪名的从重处罚情节；“行为人自愿接受行政处罚”，是非法捕捞水产品罪、非法狩猎罪中视为“犯罪情节轻微，不起诉或者免予刑事处罚”或“情节显著轻微危害不大的，不作为犯罪处理”中的从轻处罚情节。唯独就非法猎捕、收购、运输、出售陆生野生动物案件而言，是否或自愿接受行政处罚，《2022动物解释》中没有作为量刑情节或定罪情节看待。对此，笔者认为这不是《2022动物解释》起草者的无意疏忽，而应认为在此类案件中，相关行为定性法律评价有独立之价值和意义。换言之，此处的数（罪）并罚存在多种组合关系。可以是纯粹刑法意义、纯粹行政法意义上的数罪并罚、数违法行为之并罚，同时至少理论上也不排斥其中一个犯罪行为按刑法论处、另一个违法行为按照《野生动物保护法》予以行政处罚——这样的实际并罚形式。

规范体系——尤其是该法第 31 条第 1 款——之重大嫌疑和不足。但恰也在此处，实行并罚令《野生动物保护法》第 31 条第 1 款之规范目的，逻辑上再度受到重视、再现，并令本书之“生与熟”之人为割裂，就餐饮业者之行为在法评价上得以整全、弥合。

后立法者之整体观点——奥妙如“不以立法者自居而与立法者同行”;[1] 秉此方法论则不免叹服：其诚不欺吾辈学法之人，是（实）可为依靠也！

〔1〕 探求立法者的意思“并非指立法者当时之意思而言，而系指依当时立法者处于今日所应有之意思”。事实上，立法者意思不仅有生活事实变迁的时间维度，还有立法者就欲调整之事项之规范层累叠加维度。因此，后立法者的整体观点就显得很重要，需要解释者与立法者同行而非以立法者自居。参见杨仁寿：《法学方法论》，中国政法大学出版社 1999 年版，第 163、169 页。